KUNSTSCHÄTZE IN KONSTANZ, KREUZLINGEN UND UMGEBUNG

ENTDECKEN UND ERLEBEN

Herausgegeben im Auftrag des Hegau-Geschichtsvereins
von Wolfgang Kramer und Franz Hofmann
mit Fotografien von Franz Hofmann und anderen

hegau

Förderer des Buches, denen der Hegau-Geschichtsverein herzlich dankt:

Kanton Thurgau, Lotteriefonds
Credit Suisse, Kreuzlingen
Ulrico Hoepli-Stiftung, Zürich
Stadt Kreuzlingen
Stadt Konstanz
Sparkasse Bodensee

Autoren:

Wolf-Dieter Burkhard, Landschlacht, Lehrer (WDB)
Andrea Hofmann M.A.(†), Konstanz, Kunsthistorikerin (AH)
Dr. Franz Hofmann, Konstanz, Historiker und Kunsthistoriker (FH)
Heidi Hofstetter, Bottighofen, Museumsleiterin (HH)
Dr. Michael Losse, Singen, Historiker und Kunsthistoriker (ML)
Ralf Seuffert M.A., Konstanz, Historiker (RS)
Werner Trapp M.A. Konstanz, Historiker und Autor (WT)

Korrektorat:
Wolfgang Kramer, Konstanz/Engen
Dr. Franz Hofmann, Konstanz
Michael Greuter, Hilzingen

Gestaltung:
Thomas Curtze-Schatton, Stuttgart

Verlag:
Michael Greuter, Hilzingen

Druck:
Uhl, Radolfzell

ISBN 3-938566-11-6

Hegau-Bibliothek Band 138

Klosterkirche Münsterlingen, Hauptaltar

Blick vom Konstanzer Münsterturm

Vorwort

Der vom Hegau-Geschichtsverein 2006 herausgegebene Reisebegleiter „Kunstschätze im Kreis Konstanz“ hat so großen Anklang gefunden, dass 2008 bereits die 3. Auflage gedruckt werden konnte. Dieser Erfolg hat uns ermutigt, für die Stadt Konstanz und ihren Einzugsbereich einen eigenen Führer vorzulegen. Konstanz ist die größte Stadt am Bodensee, musste keine Stadtbrände und Kriegszerstörungen erleiden und konnte somit viele Baudenkmale und Kunstwerke seiner langen Geschichte erhalten. Schließlich war die Stadt über 1200 Jahre Bischofssitz für die größte deutschsprachige Diözese, eine bedeutende Handelsmetropole und Gastgeber des großen Konzils von 1414–1418. Zum Einzugsgebiet der Stadt gehören die heute eingemeindeten Orte auf dem Bodanrück ebenso wie die Insel Reichenau und die benachbarte Stadt Kreuzlingen mit den umgebenden Gemeinden in Thurgau.

Dank gilt den Sponsoren aus dem Thurgau und aus Konstanz und insbesondere den engagierten und fachkundigen Bearbeitern, die diese Schrift ermöglicht haben.

Ich wünsche Ihnen viel Freude auf Ihrer Entdeckungsreise in der Felix Mater Constantia, wie Konstanz bereits in Quellen des 10. Jahrhunderts bezeichnet wurde.

Wilderich Graf von und zu Bodman
Präsident des Hegau-Geschichtsvereins

Grußwort des Oberbürgermeisters von Konstanz

Die Städte Kreuzlingen und Konstanz können beide auf eine reiche Tradition und Geschichte zurückschauen. Bekannte Baudenkmäler auf beiden Seiten der Grenze geben heute noch ein beeindruckendes Zeugnis davon ab. Aber auch weniger bekannte Kunstschätze verraten dem Fachmann und Interessierten die enge Beziehung, in der Kreuzlingen und Konstanz zueinander standen und stehen.

In der Vergangenheit war diese Beziehung zweifellos noch enger als heute. Der Einflussbereich des früheren Konstanzer Bistums reichte weit über die heutige Landesgrenze hinaus. So ist nicht nur die Geschichte des ehemaligen Augustinerstifts Kreuzlingen und seiner Klosterkirche eng mit der des Bistums und der Stadt Konstanz verbunden.

Ich freue mich daher besonders, dass es nun gelungen ist, einen grenzüberschreitenden Kunstführer zusammenzustellen und zu veröffentlichen. Er bietet kulturinteressierten Einheimischen und Fremden die Möglichkeit, sich über das reichhaltige kulturelle Erbe und die Kunstwerke der jüngeren Vergangenheit in der Region zu informieren.

Mein Dank geht an den Hegau-Geschichtsverein und die zahlreichen Förderer und Mitarbeiter, die geholfen haben, das Projekt eines grenzüberschreitenden Kulturführers zu verwirklichen.

Horst Frank, Oberbürgermeister der Stadt Konstanz

Grußwort des Stadtammanns von Kreuzlingen

Wo früher ein Zaun die Städte Kreuzlingen und Konstanz trennte, verbindet sie heute die Kunst. Die grenzüberschreitende oder besser gesagt grenzöffnende Kunstgrenze zwischen Kreuzlingen und Konstanz besteht seit 2006. Sie besteht aus 22 großen Tarot-Skulpturen, die – weltweit einzigartig – den Grenzverlauf zwischen Deutschland und der Schweiz anzeigen.

Kunst ist in der Stadt Kreuzlingen auch sonst allgegenwärtig. Denn die Stadt Kreuzlingen besitzt mit ihren neun Kunst-Kreiseln, dem Signer-Brunnen, dem Josephson-Relief auf dem städtischen Friedhof und dem Leuchtenobjekt von Volkhart Kempter am Hafen bereits zeitgenössische künstlerische Werke im öffentlichen Raum.

Die vielfältigen Kunstschätze und Baudenkmäler sowie die zahlreichen Museen in Konstanz, Kreuzlingen und der Region am Bodensee bieten einen reichen Fundus an verschiedenen bekannten und weniger bekannten Kunstwerken. Deshalb freut es mich sehr, dass in einem grenzüberschreitenden Kunstführer die große Vielfalt aufgezeigt und bekannt gemacht wird.

Andreas Netzle, Stadtammann Kreuzlingen

Konstanz – Altstadt und Paradies

Nur selten hat man in Deutschland die Gelegenheit, fast 2000 Jahre Geschichte und Kunstgeschichte in einer Stadt auf Schritt und Tritt begegnen zu können, wie das in Konstanz möglich ist.

Begünstigt wird dieser Sachverhalt durch die Tatsache, dass Konstanz den Zweiten Weltkrieg völlig unbeschadet überstanden hat. Zwei rote Fäden durchziehen die Geschichte der Stadt vom frühen Mittelalter bis ins 19. Jh.:

Die Altstadt von Konstanz im Luftbild

Zum einen der geistliche Charakter, der seinen Anfang in der Gründung des Bistums um 600 n.Chr. hat und der die Stadt am See zu einem kirchlichen Zentrum mit zeitweise europaweiter Bedeutung machte, zum anderen die bürgerlich-kaufmännische Seite, die sich seit dem frühen 13. Jh. zu entfalten begann und Konstanz zu einer der wichtigsten Handelsstädte im Gebiet des heutigen Südwestdeutschlands und der Schweiz werden ließ.

Konstanzer Münster

Beide Aspekte sind bei einem Rundgang durch die Altstadt deutlich erkennbar. Aber auch das Scheitern der Konstanzer Politik, der Abwärtstrend in der wirtschaftlichen Entwicklung und die Marginalisierung von Stadt und Region spiegeln sich zwischen heutiger Schweizer Grenze und dem Seerhein vielfach wider. Wer die heutige Grenzlage der Stadt mit all ihren Konsequenzen für das politische, ökonomische und kulturelle Leben verstehen will, muss auch sehen, wie zentral Konstanz einst in der Bodenseelandschaft, umgeben von seinem direkten Hinterland, dem Thurgau, lag.

Römische Wurzeln - der Münsterplatz

Die **Glaspyramide** und der Schauraum darunter geben Einblick in die früheste Entwicklung der Stadt. Bei Umbauarbeiten 2003 fand sich unter dem Pflaster des Münsterplatzes eine groß angelegte römische Festungsanlage, deren Eckturm unter der Pyramide zu erkennen ist: Offensichtlich rüstete man Anfang des 4. Jh. eine kleine Etappensiedlung aus der Zeitenwende gegen die herangeströmten Alemannen zu einem Kastell auf. Die Senke zwischen dem heutigen St. Johann und dem Münster wurde überbaut – dieses Kastell sollte den nahen Rheinübergang schützen und die Lücke in der Kette der Festungsanlagen zwischen Arbon und Eschenz schließen. Die damaligen Kaiser – Constantius oder Constantius II. – gaben dem Kastell ihren Namen.

Die Römer hatten ihre Siedlung und ihre Festung an einer militärisch relevanten Stelle, nämlich dem Rheinübergang, errichtet. Darüber hinaus siedelten sie, wie auch schon die Menschen zuvor (die Kelten, von denen wir jedoch kaum Funde

Glaspyramide auf dem Münsterplatz

vorweisen können), auf einem Moränenhügel, der in der heutigen Niederburg beginnt, seinen höchsten Punkt unter dem Münster hat, sich auf der Linie der Wessenberg- und Hussenstraße bis zum Schnetztor erstreckt und Richtung Stadelhofen im Terrain des angrenzenden Kreuzlingen verliert. Dieser Hügel war in der Spätantike der Standort der kleinen Römersiedlung, die auch die heutige Niederburg umschloss. An deren Rand lag die spätere Kirche St. Stephan („extra muros", außerhalb der Mauern, wie es uns die Vita des hl. Gallus im 7. Jh. erzählt). Auch der Bischofssitz sowie die dazu gehörige Marktsiedlung befanden sich hier.

Nach dem Wegzug der Römer um 400 n. Chr. wuchs Konstanz über das alte Römerkastell noch fast 600 Jahre lang nicht hinaus. Erst um ca. 1000 sprengte der frühmittelalterliche Bischofssitz diesen vorgegebenen Rahmen durch eine mutige Stadterweiterung – doch davon später.

In seiner Geschichte war Konstanz über viele Jahrhunderte nach Süden ausgerichtet: topografisch, aber auch ökonomisch und politisch war die Blickrichtung der Konstanzer in die heutige Schweiz und Richtung Alpen. So blieben die alten Römerstraßen – allen voran die von Augsburg über Ulm an den See bei Meersburg hinüber nach Staad zum Rheinübergang, durch die Stadt bis hin in den Thurgau, nach Zürich und von dort nach Südwesten – die Hauptachsen der wirtschaftlichen, aber auch kulturellen Entwicklung der Stadt. Mittelalterliche Handels- und Pilgerwege folgten noch lange den Spuren der Römer bzw. ihren Straßen.

Das Konstanzer Münster – Mittelpunkt der Stadt

Seit dem Ende des 6. Jh. ist an dieser Stelle eine Kirche nachzuweisen, die von Anfang an die Zentralkirche des neu geschaffenen alemannischen Bistums war. Von dieser und einem karolingischen Neubau ist nach dem Einsturz des Langhauses im Jahre 1052 nichts bzw. lediglich die Grundform des Chorbereichs und die Mauritiusrotunde (10. Jh.) erhalten geblieben. Von außen präsentiert

Südquerhaus des Münsters

sich das **Münster Unserer Lieben Frau** heute als romanische Säulenbasilika mit umlaufenden gotischen Seitenkapellen, einem rechteckigen Chorbereich, gotischen Ansätzen an den romanischen Querhaus-Enden und einem blockartigen Westbau, den ein erst im 19. Jh. vollendeter Mittelturm anstelle der ursprünglich konzipierten Doppel- oder Dreiturmanlage krönt (Turmhöhe 76 m, Aussichtsplattform 42 m, Turmaufgang im südlichen Seitenschiff beim Haupteingang).

Vorhalle des Münsters mit Westportal und „Großem Herrgott von Konstanz"

Ein Brand 1511 vernichtete die bis dahin fertig gestellten Seitentürme, die dann 1526 mit spätgotischen Maßwerkkuppeln abgedeckt wurden. Zu einem Mittelturm kam es in Folge nie, die neugotische **Turmspitze** (1853) orientierte sich an der Hochgotik, verfehlt in Höhe und Ausmaß aber die ursprünglich gedachte Proportionalität. Imposant und blockartig erhebt sich heute die **Westfassade** über den Münsterplatz. Im Norden geht der Blick auf den durch einen Brand im 19. Jh. freigelegten inneren Teil des gotischen Kreuzgangs und auf die spätgotische **Welserkapelle**, die den massigen Turmblock nordwärts etwas auflockert. Im Süden bietet der Platz mit der barocken **Mariensäule** einen Ort der Ruhe. Ebenfalls von dort aus gut zu sehen ist der „lombardische Fries" unter der Dachtraufe und das Maßwerk am Querhaus, das sich offensichtlich an der Westfassade des Straßburger Münsters orientiert. Die Chorvierung krönt ein Dachreiter aus dem 16. Jh.

Das Innere des Münsters

Von den Treppen der Eingangshalle im Westen fällt der Blick auf das Doppelportal und den darüber hängenden spätgotischen „Großen Herrgott von Konstanz" (um 1500). Das **Portal** von ca. 1470 bildet mit seinen zehn Kassetten aus Nussholz eine „Armenbibel", die vom Künstler Simon Haider* sogar „signiert" ist – das Spätmittelalter geht hier unzweideutig in Renaissance und Humanismus über, der Künstler nennt sich selbst.

Betritt man das Innere, braucht das Auge einige Zeit, um den Raumeindruck einzufangen und sich an die vielen verschiedenen Stile zu gewöhnen. Das lang gestreckte Mittelschiff mit seinen 16 monolithischen **Säulen** wirkt aufgrund des am Bodensee typischen Rorschacher Sandsteins und der großen Obergadenfenster hell und freundlich und repräsentiert heute noch den „Neubau", der 1089 von Bischof Gebhard III. (1084–1110) geweiht wurde.

Konstanzer Münster, Ostfassade

Prophetenfries in der Welserkapelle

Wir empfehlen zuerst einen Rundumblick von der Mitte des Hauptschiffs aus: Von hier fällt der Blick auf das gotische **Chorgestühl** von 1470, das der Künstler des Hauptportals Simon Haider* zusammen mit Heinrich Yselin* überreich mit Szenen aus dem Alten und Neuen Testament, der Apokalypse und mit Propheten und Heiligen gefüllt hat. Ein Lettner, der den Chor der Domherren vom Hauptschiff trennte, wurde 1636 entfernt.

Im Westen schließt eine Orgelanlage aus der Renaissancezeit (um 1517) das Hauptschiff ab. Den bogenartigen Unterbau, die Empore und den Prospekt umgeben fantasievolles Rankenwerk, Arabesken,

Das Konstanzer Konzil (1414-18)

Für die Konstanzer war das Konzil vor allem ein fast vier Jahre lang dauerndes Fest: Papst, Könige, Herzöge und andere hohe Herren mit prunkvollem Gefolge ritten in die Stadt ein, man sah diese „VIPs" einmal leibhaftig. Sie gaben Feste für die Patrizier, stifteten den Armen, der Papst ließ geweihte Kerzen verteilen und selbst wenn es heute makaber klingt: Auch die Hinrichtungen von Jan Hus und Hieronymus von Prag waren für die Einheimischen spektakuläre Ereignisse.

Die Stadt war voll mit Menschen, in Spitzenzeiten bis zu 30 000, und diese sprengten alle Maßstäbe in der höchstens 7000 Einwohner zählenden Stadt am See. Die Konstanzer erlebten Weltgeschichte: politische Akte wie die Belehnung des Burggrafen von Nürnberg, Friedrich VI. von Zollern, mit der Mark Brandenburg, sie sahen Einzug, Flucht und Gefangennahme von Papst Johannes XXIII., letztlich die Wahl eines neuen Papstes, Martin V. Die theologischen Diskussionen um die Zukunft der Kirche und die Beendigung des Schismas dürften die einfachen Konstanzer Bürger weder verstanden, noch bemerkt haben. RS noch spätgotisch anmutende Engel (mit einst funktionierenden Trompeten!), die Originalorgel baute Hans Schentzer aus Stuttgart ein.

An den Abschlusswänden der Seitenschiffe zeigen sich zwei **Christophorus-Darstellungen** im Realismus der Spätgotik, links (Südwand) von 1435, rechts von 1470. Überwölbt wird der Raum von einer barocken **Decke** (1680), über der der originale Dachstuhl aus dem 13. Jh. alle Stürme, Brände und Kriegsereignisse unbeschadet überstanden hat (Dachstuhl nur bei Sonderführungen zugänglich).

Das Hauptschiff und der Chor bildeten den Sitzungssaal des großen abendländischen **Konzils von Konstanz** (1414–18). Hier debattierten die Kirchenvertreter über die Beendigung des Schismas, hier stritten sie über die Struktur der

Chorgestühl im Münster

Kirche und hier verurteilten sie Jan Hus und seinen Mitstreiter Hieronymus von Prag als Ketzer. Auf einem Gang durch die Seitenschiffe erkennt man schnell, wie zwischen dem 14. und 16. Jh. versucht wurde, die Prinzipien gotischer Baukunst anzuwenden, aber auch, dass es bei einem Versuch blieb: Zu einem Totalumbau in eine gotische Kathedrale kam es nie. Kreuzrippen leiten den Druck auf die Außenwände und Säulen.

Ein ganzer Kranz von Seitenkapellen umgibt die Kirche. Unter diesen ragt besonders die nach außen aufgrund ihrer spätgotischen Gestalt auffällige **Welserkapelle** hervor. Eigentlich bildet sie den Abschluss der spätgotischen Umbauphase, die nach dem Ende des Konzils begonnen hatte und sich mit Namen wie dem

Konstanzer Münster, nördliches Seitenschiff

des Baumeisters Vinzenz Ensinger* aus Bern (Anbau der Seitenkapellen) oder Lux Böblinger* aus Ulm (Welserkapelle) verbindet. Beeindruckend hier der Prophetenfries und die feingliedrige skulpturale Kunst sowie die modernen Fenster von 1991 (H. G. Stockhausen*). Sie dient heute als Gebetskapelle, war aber offensichtlich als Bischofsgrablege gedacht. Ihr feines, nach oben strebendes Maßwerk stellt eine Besonderheit innerhalb des Münsters dar.

Beim Gang durch das nördliche Seitenschiff passiert man das Bodengrab des Bistumsverwesers **Ignaz Freiherr von Wessenberg** (1774–1860), des Vertreters des letzten Konstanzer Bischofs von Dalberg. Wessenberg und Dalberg suchten im Geiste des aufgeklärten Absolutismus das Bistum zu reformieren und unterhielten enge Kontakte zu Napoleon in der Absicht, eine deutsche katholische Nationalkirche zu schaffen. Dass beide in Rom deshalb nicht besonders gern gelitten waren, ist leicht nachzuvollziehen. Nach Dalbergs Tod 1817 kam Wessenberg die undankbare Aufgabe zu, die altehrwürdige Diözese Konstanz aufzulösen. Er war zwar vom Domkapitel zum Nachfolger Dalbergs gewählt worden, dies wurde von Rom jedoch nie bestätigt. Im Gegenteil: 1821 verfügte eine päpstliche Bulle ausdrücklich die Auflösung des Bistums. 1827 wurde das Bistum Freiburg gegründet – das Bistum Konstanz, eine fast 1300 Jahre währende Institution, fand so ihr unrühmliches Ende. Wessenberg zog sich ins Privatleben zurück und betätigte sich als Mäzen, Kunst- und Literaturliebhaber und Förderer seiner Heimatstadt. Nicht nur weil er als Domherr das Recht dazu hatte, sondern auch ein bisschen aus Trotz bestatteten die ihres Bistums beraubten Konstanzer ihn im ehem. Dom, dem Münster.

Der Thomaschor

Kaum ein Bauteil im Münster stellt die Vielfalt der hier vorhandenen Stile so zur Schau wie der Nord- oder Thomaschor: Seine bauliche Form als Verlängerung des Querhausarms erhielt er im 15. Jh., und von damals (1438) stammt auch das eigenartigste Teil seiner Inneneinrichtung, der sog. **Schnegg**. Der sich schneckenartig ins Obergeschoss windende turmartige Treppenaufgang, der sich an der Außenwand des Münsters sichtbar fortsetzt, repräsentiert meisterhaft die skulpturale Kunst der Spätgotik. Szenen aus dem Alten und Neuen Testament werden in feinst ausgeführter Manier einander gegenübergestellt. Mehr Turm als reine

Marientod im Thomaschor des Münsters

Konstanzer Münster, Schnegg

Treppe, kontrastiert der Schnegg zum barocken namensgebenden **Altar** an der Ostwand. Der ungläubige Thomas erkennt den Auferstandenen erst an den Wundmalen. Die beiden großen Figuren oberhalb zeigen in zeittypischer Manier den Soldatenmärtyrer Pelagius und den Bischof Konrad in der Kleidung des 18. Jh. Pelagius, dessen Reliquien unter dem Hauptaltar liegen, und Konrad, der Bischof des 10. Jh., wurden zu Bistums- und Münsterpatronen von Konstanz. Über Schnegg, **Thomasaltar** und dem spätgotischen **Marientod** wölbt sich ein Spinnennetzgewölbe aus dem 18. Jh., das wie die Vierungsdecke der Umbauphase des Klassizismus entsprang.

Konradikapelle und Krypta

Vom Thomaschor führen Stufen hinunter zu **Konradikapelle** und Krypta. Das ehemals an der Außenwand der romanischen Kirche gelegene Grab des 1123 heilig gesprochenen Bischofs Konrad wurde durch die gotische Überwölbung (Sterngewölbe, 14. Jh.) in den Gesamtbau integriert. In einem Hochgrab und einem Schrein (19. Jh.) werden Konrads Körper und Kopf aufbewahrt. Der Raum wurde im 19. Jh. in neugotischer Manier ausgemalt. Ein Kunstwerk erster Güte ist der in der Konradikapelle aufgestellte, prächtige **Flügelaltar**, eine Stiftung von Bischof Hugo von Hohenlandenberg (1524) und ein Werk des Konstanzer Malers Matthäus Gutrecht des Jüngeren*. Als einziger hat dieser Altar den Bildersturm der Reformation unbeschadet überstanden. Dargestellt sind die Kreuzigung Christi, auf den Flügeln die hll. Konrad und Pelagius sowie der Stifter.

Bischof Konrad (934–75) kann mit Recht als der bedeutendste Vorsteher der Diözese im frühen Mittelalter bezeichnet werden. Der Welfe förderte seine Bischofsstadt u. a. dadurch, dass er die Hauptkirchen Roms in Konstanz nachbauen ließ (s. Kasten S. 16) und die Stadt so zu einem wichtigen Ziel für Pilger wur-

Blick in die Münsterkrypta

Die ROMA-NOVA-Konzeption Bischof Konrads

Konrad wurde nicht zu Unrecht zum Patron von Stadt und Bistum: Seine kluge Politik förderte das kleine „Constantia“ oder „Chostnitz“, wie es alemannisch genannt wurde, in politischer, ökonomischer, liturgischer und sozialer Weise wie kein anderer. Er gründete ein Spital und stattete es mit einem Partikel vom Heiligen Kreuz aus. Dieses Spital zog später an den Stadtrand und wurde zur Keimzelle des Klosters Kreuzlingen. Konrad gründete Kirchen, die in Namensgebung und Lage an die Hauptkirchen Roms erinnern und förderte so die Attraktivität des Bischofsitzes für Pilger. Wo konnte ein Pilger sonst die Hauptkirchen Roms besuchen: S. Pietro (hier „Petershausen“, auch in Konstanz jenseits des Flusses gelegen, eigentlich jedoch erst von einem seiner Nachfolger Gebhard II. (979–95) gegründet), S. Giovanni in Laterano (hier St. Johann, wie in Rom den beiden Johannes geweiht, dem Täufer und dem Evangelisten), Santa Maria Maggiore (hier das Münster Unserer Lieben Frau), S. Lorenzo und S. Paolo fuori le mura (in Konstanz St. Lorenz am Obermarkt, heute verschwunden; St. Paul im heutigen Kulturzentrum K9 bei Karstadt – damals auch „fuori le mura“ = „vor den Mauern“!) und damit die entsprechenden Ablässe erwerben? Die Pilger brachten Geld in die Siedlung, der Markt wuchs und deswegen sprengte die kleine Siedlung in der Zeit nach den Bischöfen Konrad und Gebhard die vom ehem. Römerkastell gesetzten Grenzen und dehnte sich in südwestliche Richtung, entlang des Moränenhügels aus. RS

de. Zwei Schritte nach rechts öffnet sich das älteste sichtbare Bauteil des Münsters, die **Krypta**. Ursprünglich, mindestens jedoch seit dem karolingischen Neubau des 9. Jh. als Stollenkrypta ausgeführt, lagen hier seit 904 die Gebeine des heiligen Pelagius, die Bischof Salomo III. (890–919) nach Konstanz transferieren ließ. Im 10. oder im 11. Jh. wurde die Krypta dann zu einer Säulenhallenkrypta erweitert. An der Westwand liegt das Pelagiusgrab, von dem aus ein Schacht zum darüberliegenden Hauptaltar führt, sodass die Reliquie in die Liturgie eingebunden werden

Konradikapelle mit spätgotischem Flügelaltar

Münsterkrypta, Majestas-Domini-Scheibe

konnte. Der hintere Stollen führte wieder nach oben, ist aber heute nicht mehr zugänglich.

Auffallend sind in der Krypta die an der Ostwand und der Südwand des Stollens aufgehängten sog. **Goldscheiben**. Sie gehören nicht zur Ausstattung der Krypta, sondern werden lediglich aus Schutzgründen hier aufbewahrt. Mindestens seit dem 13. Jh. hingen sie außen am Ostgiebel des Chors, wo heute Kopien angebracht sind (z.B. vom Stadtgarten am See aus sichtbar). Die größte, fast zwei Meter hohe Scheibe stellt einen „majestätischen" Christus dar (10. Jh.), die anderen Konrad, Pelagius und den Adler des Evangelisten Johannes (alle 13. Jh.). Besonders die Christus- oder **Majestas-Domini-Scheibe** ist ein einzigartiges Kunstwerk – sie war ursprünglich über dem Heiligen Grab (s. S. 18) angebracht.

Auffällig ist, dass in die Krypta Tageslicht fällt: Die Kirche sitzt auf dem oben erwähnten Moränenhügel, der höchsten Erhebung der Stadt. Das Gelände fällt hier zum See hin ab, so ist selbst die tief unter der Kirche gelegene Krypta nach Osten ebenerdig und mit Fenstern versehen.

Geburt Christi aus dem Heiligen Grab

Kreuzgang, Silvesterkapelle und Mauritiusrotunde

Durch die schwere Holztür an der Nordseite der Konradikapelle gelangt man in den **Kreuzgang**. Heute eher Abstellkammer für die Steinmetzen und gelegentlich stimmungsvoller Raum für Konzerte und Ausstellungen, gehörte er jedoch zur Zeit seiner Entstehung zu den schönsten Beispielen gotischer Kreuzgangarchitektur im Bodenseeraum. Seine Maßwerkfenster entstammen verschiedenen Phasen der Gotik: Der Südflügel von ca. 1300 weist noch einfachere Fensterformen auf, das Maßwerk des Ostflügels von ca. 1320 erinnert in Feinheit und Formenreichtum an Zisterzienser-Architektur (z.B. Salem). Ein Brand im 19. Jh. vernichtete West- und Nordflügel, die danach nicht wieder errichtet wurden.

An der Ostwand des Kreuzgangs öffnet sich die Tür zur **Silvesterkapelle**, deren Besuch sich allein schon wegen ihres spätgotischen Weltengerichts und des Passionszyklus von 1472 lohnt.

Das größte Erstaunen in diesem Teil des Münsters erregt aber sicher die **Mauritiusrotunde**, deren Eingang sich genau im Eckpunkt zwischen Ost- und Südflügel befindet. Als eigener Gebäudeteil stellt sie eine Kopie der Grabeskirche von Jerusalem dar, und ihre Erbauer hatten den liturgischen Kontext natürlich genau im Auge. Bischof Konrad schuf damit im 10. Jh. einen wichtigen Anlaufpunkt für Pilger, die den hier durchgeführten Osterspielen folgen konnten. Er zeigte auch politisches Geschick, denn mit dem Mauritius-Namen verband sich eine Verbeugung vor dem ottonischen Herrscherhaus, das sich Mauritius, den Lanzenträger, zum Lieblingsheiligen erkoren hatte. Dass es sich bei der Lanze, die Mauritius, der Anführer der Thebäischen Legion, als Märtyrer trug,

Kreuzgang des Münsters

Heiliges Grab in der Mauritiusrotunde

nicht wirklich um die Lanze, mit der Christus in die Seite gestochen wurde, handelte, ist heute erwiesen, aber Konrad erkannte die politische und liturgische Bedeutung mit klarem Gespür.

Konrads ursprünglicher Entwurf ist nicht mehr zu erkennen, denn das Gebäude – damals ohne Kreuzgang allein neben der Kirche stehend – und das **Heilige Grab** selbst wurden im 13. Jh. in gotischer Manier umgestaltet. Der Außenriss der 4,65 m hohen Kleinarchitektur ist in Form einer gotischen Kathedrale mit Maßwerkfenstern, Biforien, Rosetten und Wimpergen aufgebaut. Das ganze Bauwerk legt durch seine Skulpturen einen direkten Bezug zur Weihnachts- und zur Ostergeschichte zugleich: Man erkennt die Verkündigung an Maria, die Heimsuchung, die Geburtsszene, die Anbetung der Könige, während an den Innenwänden der Salbenkauf bei einem Apotheker, die schlafenden Wärter, die Frauen am leeren Grab und oben die Apostel die thematische Linie bis zur Heilsgewissheit

Kanzel im Konstanzer Münster

ziehen. Der figürliche Stil erinnert an die Skulpturen des Bamberger oder des Naumburger Doms. (Die oberen Räume mit „Domschule", Kapitelsaal, Nikolauskapelle sind nur bei Spezialführungen zu besichtigen.)

Mauritiusrotunde am Münster

In das Langhaus zurückgekehrt, verdient auch die **Kanzel** nähere Betrachtung: Abraham als Vater des Glaubens trägt sie als „Medium" der Glaubensverkündigung, die von Bildnissen der Evangelisten geschmückt ist, über dem Schalldeckel steht wieder einmal Bischof Konrad, ein Werk von Christoph Daniel Schenck* von 1680.

Beim Verlassen des Münsters sei noch auf die vielen **Epitaphien und Grabplatten** von Domherren und Bischöfen hingewiesen, die Boden und Wände schmücken. Aber gerade weil alle Bischöfe seit der Reformativon Meersburg zu ihrer eigentlichen Residenz erkoren hatten, fehlte in der Stadt wie in der Kirche der Wille zu einer Barockisierung und vor allem eine stringente Finanzierung. Das Münster blieb Kathedralkirche, das Geld für ihre einheitliche Ausstattung im Barock oder Rokoko floss aber nach Meersburg, wo im 18. Jh. die bischöflichen Schlossanlagen entstanden. So trifft man in der ganzen Stadt selten auf barocke Gebäude. Konstanz blieb eine mittelalterliche Stadt.

Christuskirche und Stadttheater

Am Nordende des Münsterplatzes liegen, in unmittelbarer Nähe des Münsters, die ehem. Gebäude der Jesuiten die Anfang des 17. Jh. nach Konstanz kamen. Die Reformation in Konstanz wurde 1548 mit dem Einzug spanisch-habsburgischer Truppen und der Übergabe der ehemals Freien Reichsstadt an Österreich beendet. Die Obrigkeiten in Innsbruck und Wien versuchten, den Protestantismus als politische und religiöse Größe im Stadtbild, aber auch in den Köpfen der Menschen zu tilgen. Dies gelang jedoch nur sehr langsam: Zu nah war die reformierte Schweiz, wo die Konstanzer die reformierten Gottesdienste besuchen konnten.

Um 1600 verschärfte sich das Klima und die gegen den Widerstand der Konstanzer in die Stadt geholten Jesuiten sollten „innere Mission" betreiben. Dazu bauten sie 1607 ein großes **Konventsgebäude** (Konzilstraße, Innenhof rechts der Kirche, heute staatliche Ämter), eine stilreine Spätrenaissance-Kirche und betrieben ein Gymnasium mit einer Aula (heute **Stadttheater**). Da Theaterstücke zum festen Lehrplan eines Jesuitengymnasiums gehörten, kann Konstanz eine 400 Jahre alte Theatertradition an diesem Ort vorweisen. Die Jesuitenkirche St. Konrad (heute altkath. **Christuskirche**) besticht durch ihre harmonische Innenarchitektur. Das Tonnengewölbe mit seinem ornamentalen Schmuck, welches dem Innenraum seine besondere Stimmung verleiht, wurde

Christuskirche, ehem. Jesuitenkirche St. Konrad

1682 vom Jesuiten Heinrich Mayer, der auch das Münstergewölbe gebaut hatte, in seinen heute noch sichtbaren Zustand versetzt. Ansonsten stammt die Inneneinrichtung aus der Zeit des Rokoko.

Nach der Auflösung des Jesuitenordens Ende des 18. Jh. richtete die

Münsterplatz

österreichische Regierung in den Konventsgebäuden ein Lyceum ein, das in badischer Zeit als Gymnasium weitergeführt wurde (heute Heinrich-Suso-Gymnasium in einem Neubau in Petershausen).

Der Münsterplatz und die Domherrenhöfe

Alle Häuser um den Dom herum lassen auf den ersten Blick erkennen, dass es sich um ehem. **Domherrenhöfe** handelt. Die Mitglieder des Domkapitels suchten die Nähe zu dem, den sie zum Bischof gewählt hatten, und ihre Pfründen ermöglichten ihnen einen angenehmen Wohn- und Lebensstil. Der **Münsterplatz** bildete so jahrhundertelang einen „geistlichen Raum", seine Architektur spiegelt diese Funktion wider. Die Kathedrale als Sitz des Bischofs war das Herz der Diözese, die geistlichen „Assistenten" des Bischofs, die Domherren, umringten mit ihren Häusern und Höfen ihren geistlichen Herrn. Der Bischof selbst residierte in der Pfalz, die an der Stelle des heutigen Dekanatsgebäudes im inneren Münsterhof (Pfalzgarten) stand, bis sie im 19. Jh. einem klassizistischen Zweckbau weichen musste. Auch das bischöfliche Gericht war im Bereich des Münsters angesiedelt.

Einige der ehem. Domherrenhöfe sind als öffentliche Gebäude begehbar, so öffnet sich ein hübscher Renaissance-Innenhof in der Gerichtsgasse 9 (heute Familiengericht, Zugang vom Kuhgässle), der Lindenhof. Anfänglich in bürgerlicher Hand, befand sich hier seit Ende des 15. Jh. die Domdekanei, und im Innenhof stehend kann der Betrachter den Charakter eines herrschaftlichen Stadtsitzes nachempfinden und verstehen, dass sich aus der bischöflichen Ministerialität heraus Zug um Zug das Stadtpatriziat der bürgerlichen Kaufmannsstadt bildete.

Ein besonderes Beispiel für den Lebensstil der Domherren und allgemein der Kleriker im Umkreis des Bischofs befindet sich im Haus zur Kunkel: Bei Führungen der Tourist-Information kann man die in der St. Johann-Gasse im 2. OG befindlichen sog. **Weberfresken** besichtigen. Hier haben sich vom Beginn des 14. Jh. Wandmalereien erhalten, die im privaten Bereich eines Klerikers (also nicht in einer Kirche!) entstanden sind und in einzigartiger Weise den Prozess des Webens in Einzelbildern darstellen. Konstanz war für die Leinenweberei am Bodensee der wichtigste Umschlagplatz. Ein ebenfalls angebrachter Parzival-Zyklus ist auf einer anderen Wand zu betrachten, aber in weniger gutem Zustand. Beide Freskenmalereien weisen auf die Blütezeit in Kunst und Kultur unter Bischof Heinrich von Klingenberg Anfang des 14. Jh. hin. Erstaunlich ist das profane Thema im Hause eines Geistlichen – bis hin zu den fast schon erotischen Darstellungen des Schwitzbades, das die Frauen nach getaner Arbeit benutzen.

Ein Bildfeld aus den sog. Weberfresken

Domherrenhöfe am Münsterplatz

Die Niederburg

Zwischen Münsterplatz, Seerhein, Insel-Hotel und Laube liegt ein Viertel, das bis heute seinen Charme behalten hat: Enge Gassen, Häuser, deren Kern bis ins 13. Jh. zurückgeht, lauschige Innenhöfe, einladende Weinstuben prägen die **Niederburg**. Es lohnt sich, das Quartier als „Gesamtensemble“ zu durchstreifen.

Zu Anfang schaue man in die Katzgasse: Sofort sticht die Buckelsteinfassade ins Auge, welche die Patrizier der Stadt kurz nach dem Konzil an ihr neu erbautes **Geschlechterhaus zur Katz** anfügen ließen: Der vermutlich zum ersten Mal nördlich der Alpen auftauchende profane Renaissancebau mit durchgehenden Rustikaquadern nach florentinischem Vorbild sollte unmissverständlich klar machen, wie die Oberschicht ihre eigene Führungsrolle in der Stadt sah. Das

Blarer'scher Domherrenhof

Haus erlebte Feste, politische und gesellschaftliche Ereignisse, hier wurden Könige bewirtet und man ließ die Zünfte spüren, wie sehr man sie politisch ins Abseits gedrängt hatte. Die Innenräume gehören heute zum Kulturzentrum und der **Richentalsaal** beeindruckt durch seine mächtigen Eichensäulen.

An der Westseite der Niederburg befindet sich in der Gerichtsgasse der ehem. **Blarer'sche Domherrenhof** mit seiner Dreiflügelanlage und dem Renaissanceportal (heute Landgericht). Streift man durch die Niederburg, fallen die von Hans Sauerbruch* gestalteten **Sgraffiti** auf, die der Sohn des berühmten Chirurgen in den 1940er bis 1970er Jahren als Auftragsarbeiten an Häuserwänden anbrachte. Sie illustrieren die alten Häusernamen und die Jahreszahlen der ersten urkundlichen Erwähnung der Häuser.

Mitten in diesem ältesten Konstanzer Stadtteil liegt die ehem. Kirche **St. Johann**, heute in neugotischem Kleid, die durch alle Jahrhunderte das „geistliche Herz" des Viertels war (Brückengasse 1). Von Bischof Konrad gegründet, bildete sie einen Bestandteil der Roma-Nova-Konzeption (s. S. 16), mit Hilfe derer Konrad seine Bischofsstadt liturgisch, aber auch kirchenpolitisch enorm aufwertete. Sie gilt auch als Beispiel für die Säkularisierungswelle, die in Konstanz unter dem aufgeklärten Landesherrn Kaiser Josef II. Ende des 18. Jh. einsetzte. St. Johann (1816 exsekriert) wurde erst Bierbrauerei, dann katholische Gesellenherberge, aus der sich ein Hotel- und Restaurantbetrieb entwickelte. Bis zum Ende des 20. Jh. wurde im ehem. Kirchenschiff z. B. an der Fastnacht wild getanzt!

In der Brückengasse kann eine kleine Kirche als letztes Überbleibsel mönchischen Lebens in Konstanz besichtigt werden, denn nur die Dominikanerinnen des **Klosters Zoffingen** (Brückengasse 15) haben Reformation, Säkularisationen und Revolution überlebt, da die von ihnen geführte Schule seit Ende des 18. Jh. einen unverzichtbaren Be-

St. Johann in der Niederburg

Dompropstei und Rheintorturm

standteil des schulischen Lebens in der Stadt bildet. Gelegentlich kann auch der äußere Hof und der Klosterladen betreten werden.

Am Ende der Konradigasse, kann man das turmlose ehem. Kirchlein des Klosters **St. Peter an der Fahr** (heute Wohnhaus) ausmachen, das in der Reformationszeit aufgelöst, in der Gegenreformationszeit des 16. Jh. wieder belebt und dann im 18. Jh. endgültig in das Kloster Zoffingen inkorporiert wurde.

Einen Eckpunkt der Niederburg bildet das beim Rheintorturm gelegene, mächtige Barockgebäude der ehem. **Dompropstei** (Anfang 17. Jh., Rheingasse 20, heute Notariat). Hier hatten sich die Domherren anstelle des alten bischöflichen Spitals ein Palais errichten lassen. Während der gesamte Hof seit der Reformation in Meersburg und nicht in der eigentlichen Bischofsstadt saß, war das Domkapitel nach dem gewaltsamen Ende der Reformation 1548 wieder in die Stadt zurückgekehrt. Die Dompropstei mit ihren Barockgiebeln, den schmiedeeisernen Gittern und dem großen **Weißen Saal** aus einer Umbauphase der 2. Hälfte des 18. Jh. ist eines der wenigen Beispiele barocker Architektur in Konstanz. Jeder über die Rheinbrücke nach Konstanz Kommende kennt das Gebäude, doch die meisten nur von der Rückseite, denn die Fassade zeigt selbstverständlich zur Rheingasse, der ehem. von Norden in die Stadt führenden Hauptstraße. Die ehem. **Hauskapelle Maria Magdalena** mit Fresken von Franz Ludwig Herrmann* wird von der kleinen orthodoxen Gemeinde genutzt.

Am Seerhein stehen noch zwei der mittelalterlichen Stadttürme. Der **Rheintorturm** bildete einst

Konradigasse

Dompropstei, Weißer Saal

den Eingang zur Stadt von Norden her. Der Weg führte über die um 1225 größtenteils aus Holz erbaute **Rheinbrücke**, die auch Wohnhäuser und eine Mühle trug, die die Wasserkraft des Rheins zum Antrieb ihrer Mühlwerke nutzte. 1857 brannte die Brücke ab, bis 1863 entstand, etwas nach Osten versetzt, eine neue Eisenbahn- und Autobrücke, die wiederum in den 1930er Jahren verbreitert und modernisiert wurde. Der Rheintorturm ist deshalb seiner Funktion als repräsentatives Stadttor gänzlich beraubt, doch lohnt sich ein Blick vom ehem. Durchgang auf das nördliche Rheinufer. Im Turm befindet sich seit 2009 ein Fastnachtsmuseum.

Etwas weiter rheinabwärts steht der Juden- oder **Pulverturm**, der einst als Gefängnis diente. Die zwischen Rheintor- und Pulverturm am Rheinsteig stehenden **Figuren** schmückten einst die Brücke von 1863 und wurden 1936 hierher versetzt. Sie zeigen neben Bischof Konrad Herrscherfiguren aus der angeblich direkten dynastischen Linie von den Zähringern (Herzog Berthold I. und Bischof Gebhard II.) zum Hause Baden. Der badische Großherzog Leopold aus dem 19. Jh. wird so in eine Ahnenfolge mit Bischof Gebhard aus dem 10. Jh. gestellt. So soll die Verbundenheit der Stadt Konstanz mit dem Hause Baden bekräftigt werden – was nach der langen Zugehörigkeit

Fachwerkhaus beim ehem. Kloster St. Peter an der Fahr

Rheintorturm

der Stadt zu Österreich (1548–1806) noch nicht so selbstverständlich war.

Insel-Hotel - ehem. Dominikaner-Kloster

Die Inselgasse führt hinunter – über Konzilstraße und Bahnübergang hinweg – zu einer veritablen Insel, ehem. Standort des Konstanzer **Dominikaner- oder Insel-Klosters**, heute Steigenberger Insel-Hotel. Es lohnt sich, an der Rezeption um die Erlaubnis zu bitten, den **Kreuzgang** mit seinen Malereien aus der Zeit des Historismus begehen zu dürfen. Die wechselvolle Geschichte der Insel wurde vom Stuttgarter Kunstprofessor Carl Häberlein* ab 1888 an den Wänden des ehem. Kreuzgangs dargestellt. Im 13. Jh. hatten sich hier die Dominikaner niedergelassen und eine Kirche und einen Konvent errichtet, die zusammen mit den ehem. Gebäuden der Augustiner und der Franziskaner eindrucksvoll die Bedeutung dieser Bettelorden in einer mittelalterlichen Stadt dokumentieren.

Wenn es möglich ist, auch noch den **Festsaal**, die ehem. Kirche, zu betreten, richte man den Blick auf die erhaltenen mittelalterlichen Fresken (Anfang 14. Jh.), insbesondere die an der Nordseite des Saals noch sichtbaren Märtyrerszenen. Gerade die Dominikaner und hier an diesem Ort der als Dichter und Mystiker bekannt gewordene Heinrich Seuse oder Suso (ca. 1297–1366) beschäftigten sich intensiv mit der Mystik, dem Mitleiden an der Passion Christi und dem Schicksal der Heiligen.

Das Kloster wurde unter Kaiser Josef II. aufgehoben, der Herrscher wollte die wirtschaftliche Erstarkung der Region im Sinne des Merkantilismus vorantreiben und gab das Kloster wie andere kirchliche Gebäude in der Stadt an Mitglieder

Ehem. Kreuzgang des Insel-Klosters

Ehem. Kirche des Insel-Klosters

Insel-Hotel, ehem. Dominikaner-Kloster

einer „Kolonie“ von Genfer Kaufleuten, die aus politischen Gründen ihre Heimat verlassen hatten und, mit kaiserlichen Privilegien versehen, indische Baumwolle („Indienne“) bedruckten und vermarkteten. Eine Tochter aus der hier wirkenden Familie Macaire d'Or heiratete einen

Ehem. Kreuzgang des Insel-Klosters

württembergischen Offizier namens Zeppelin, und so wurde die Insel der Geburtsort des späteren Luftschiff-Erfinders Ferdinand Graf Zeppelin. Sein Bruder gründete 1874 nach Aufgabe der Fabrik ein Hotel, ließ den gesamten Komplex umgestalten und den Kreuzgang ausmalen.

Stadtgarten

Vom Insel-Hotel wende man sich nach links zum **Stadtgarten**. Jenseits der Bahn sieht man das **Stadttheater**, die Christuskirche (ehem. Jesuitenkirche) und den ehem. Konvent der Societas Jesu (s. oben). Bemerkenswert das Halbrelief an der Front des Theaters: Nach dem Verbot der Jesuiten Ende des 18. Jh. ließ der erste private Betreiber des Theaters eine Szene anbringen, die durchaus auch den künstlerischen Intentionen der Jesuiten entsprochen hätte. Symbolhaft wird das Theater des Mittelalters, die Commedia dell'Arte oder – grob gesagt – das derbe Hanswurst-Theater von der Bühne geworfen und im Hintergrund erscheinen Frauengestalten als Verkörperung der Musen. So wollten auch die Jesuiten dem Theater einen belehrenden, pädagogischen Charakter geben. Auf dem Flachdach stehen Figuren aus den 1930er Jahren, die

Kaufhaus am Hafen (sog. Konzil)

die Musen der Schauspielkunst und der Musik repräsentieren.

Der **Stadtgarten** selbst ist eine Anlage des 19. Jh. Wo einst das Wasser bis an den damaligen Stadtwall (ungefähr auf der Linie der heutigen Bahntrasse) reichte und Anfang des 19. Jh. Badeanstalten lagen, gestaltete man 1879 einen Park, zerstörte das pittoreske Ensemble aus Mauern und Türmen, pflanzte exotische Bäume wie den noch anzutreffenden Mammutbaum oder den Ginkgo, errichtete Musikpavillons, stellte Kaiserbüsten auf (heute hinter dem Kiosk) und schuf so einen typischen Park der Gründerzeit, in dem man flanierte, bei patriotischen Anlässen des Großherzogs und des Kaisers gedachte und der Musik der Regimentskapelle unter der Leitung von Konstantin Handloser lauschte, welcher aus der reinen Militärkapelle einen Klangkörper schuf, der in der ganzen Region zwischen Ulm, Stuttgart und Zürich Konzerte klassischer wie populärer Musik gab.

Stadttheater, Halbrelief

Kaufhaus und Hafen

1388 vollendeten die Konstanzer Kaufleute das, was man getrost als „Kathedrale des mittelalterlichen Frühkapitalismus" bezeichnen könnte: Das **Kaufhaus** am See sollte vor allem den Handelspartnern aus Italien Gelegenheit geben, ihre Waren an einem zentralen Ort zu stapeln. Der Bodensee stellte zu dieser Zeit

eine Drehscheibe des Handels zwischen Nord- und Südeuropa dar und so gingen Produkte aus dem Orient, die via Genua, Mailand oder Venedig über die Alpen transportiert worden

Imperia am Hafen

waren, an dieser Stelle durch die Hände der Kaufleute. Das Gebäude stellt mit seiner über 50 m breiten Front das größte seiner Art am See dar. Den heute gängigen Namen „Konzil" erhielt es von dem hier im Herbst 1417 abgehaltenen Konklave: Zum ersten Mal wurde ein Papst, Martin V., auf deutschem Boden gewählt. Das eigentliche Konzil fand natürlich im heutigen Münster statt.

Dreht man sich zum See, steht auf dem Hafenturm aus dem 19. Jh. die Dame **Imperia**: Frech zitierte 1993 der in Bodman lebende Künstler Peter Lenk* eine von Honoré de Balzacs „Tolldreisten Geschichten", in der eine der während des Konzils tätigen „Hübschlerinnen" einem Konzilsteilnehmer den Kopf verdreht: Die Dame Imperia holte sich Balzac in künstlerischer Freiheit aus Rom, wo jene im 16. Jh. als Salondame bekannt war, die sich in der römischen Gesellschaft ihren Ruf als wohl gebildete und beliebte Lebedame verschafft hatte. Nun dreht sie sich auf dem alten Konstanzer Hafenturm und hält mit festem Griff links und rechts Kaiser und Papst: Hatten die Frauen das Konzil fest im Griff?

Neben der Imperia verblasst etwas der Ruhm des anderen Monuments am Hafen: Das nach 1920 eingeweihte Denkmal für Ferdinand Graf **Zeppelin** löste bei seiner Einweihung einen ähnlichen Skandal wie die Imperia aus. Wie konnte man nur, so dachte das Bürgertum jener Zeit, den Helden der Nation als nackten Wieland den Schmied darstellen? Der Künstler Karl Albiker*, immerhin ein Rodin-Schüler, verstand die Welt nicht mehr. Heute können wir wiederum kaum verstehen, wie und warum die brutale Sagenfigur des Schmiedes Wieland, der nach dem nordischen Völundlied die Tochter seines Königs vergewaltigt, dessen Söhne tötet und dann mit Hilfe seiner selbstgebastelten Flügel flieht,

Zeppelindenkmal am Hafen

Sinnbild für den mutigen Luftschiff-Erfinder Zeppelin sein sollte …

Fischmarkt und Marktstätte

Gleich nach der Bahntrasse rechts steht das **Alte Rathaus** (Fischmarkt 2, heute Südwestdeutsche Philharmonie), wo der Rat der vom Bischof unabhängig gewordenen Stadt seit dem Ende des 13. Jh. tagte und das erst Mitte des 19. Jh. vom heutigen Rathaus in der Kanzleistraße abgelöst wurde. Innen wurde es in mehreren Phasen unsensibel umgebaut – von der Sparkasse, dem ersten Hotel Halm, der Oberpostdirektion bis zum Standesamt hatten so ziemlich alle Nutzer ihre Bedürfnisse in Veränderungen umgesetzt; für die Südwestdeutsche Philharmonie wurde noch vor wenigen Jahren ein riesiger Aufzugstrakt an die Nordseite angebaut. Außen fallen der schöne schmiedeeiserne Balkon über dem Eingang auf sowie das gotische Wappen von 1479 mit den Wappen des Reichs, des Bistums und der Stadt.

Etwas verloren bei den Gleisen lehnt ein Relief des Überlinger Künstlers Werner Gürtner*, eine Fischverkäuferin, die das längst abgerissene Fernmeldeamt aus den 1950er Jahren schmückte. Dies stand am Ende der Münzgasse und damit am Eingang des ehem. unteren Fischmarkts, auf den sich das Relief bezieht.

Bevor man diesen **Fischmarkt** betritt, sollte der Blick auf das ehem. **Hotel Hecht** direkt gegenüber dem Alten Rathaus fallen. Heute als Restaurant und Appartementhaus genutzt, gilt der „Hecht" als eines der ältesten Gasthäuser von Konstanz, erwähnt als Herberge seit dem 15. Jh. Einer der Besitzer war der berühmte Barockbaumeister Peter Thumb*, der es aber nie bewohnte, sondern seinen Kindern überließ. Die Jugendstilfassade kam Anfang des 20. Jh. hinzu, als es schon eines der berühmtesten Häuser der Konstanzer Hotellandschaft geworden war.

Das große Haus, welches mit seiner hohen Front zum See blickt, ist ein Neubau von 1987. Seine Form soll an einen alten Bau des Mittelalters erinnern, den **Salmannsweiler Hof**. Wie in vielen anderen Städten am See errichteten die Salemer Mönche im 13. Jh. auch in Konstanz einen Pfleghof, in dessen Mauern sie den Handel mit den Produkten der Klosterwirtschaft abwickelten. Seine Fundamente und Pfahlgründungen kamen bei den archäologischen Ausgrabungen Mitte der

Altes Rathaus am Fischmarkt, Portal

Von Promenaden und Sommerfrischen - der moderne Konstanzer Tourismus

Der Bereich Fischmarkt, Marktstätte und Bahnhof eignet sich gut, den bedeutenden Wandel nachzuvollziehen, den Konstanz Ende des 19. Jh. erlebte: Eisenbahn und Dampfschiff waren die Verkehrsmittel, welche die Hoffnung hatten aufkeimen lassen, jetzt könnte eine völlig neue Zeit des Wohlstands und wirtschaftlichen Fortschritts beginnen. Hotels wurden, besonders nach der Reichsgründung 1871 und dem daraufhin einsetzenden Gründerboom neu gegründet oder alte Gasthäuser wie der „Hecht" oder die „Krone" an der Marktstätte umgebaut und mit modernen Fassaden versehen (der „Hecht" im Jugendstil, die „Krone" 1895 mit einer Louis-Quinze-Fassade). Die Zeppelins gründeten 1874 ihr Insel-Hotel, das alte „Barbarossa" am Obermarkt wurde ausgekernt und mit einer modernen, „fremdenverkehrsgerechten" Inneneinrichtung versehen. Eher traditionell innen wie außen blieb der „Goldene Adler" an der Marktstätte, in dem schon Goethe, aber auch Hortense Beauharnais, Ex-Königin von Holland und Schwägerin Napoleons I., logiert hatten (siehe Salenstein-Arenenberg). Das schönste Beispiel für einen Neubau stellt allerdings das Hotel Halm am Bahnhof dar. Der Hotelier Halm hatte sein Haus vom Fischmarkt an die neue Bahnhofsfront verlegt und nach dem Kernbau in den 1870er Jahren 1887 einen Anbau gewagt. Diesen ließ er im damals modischen maurischen Stil ausstatten und noch heute zeugt der Maurische Saal mit seinen orientalischen Dekorationen und den über vier Meter hohen Spiegeln vom Optimismus und dem Mut dieser „Gründerzeit". RS

Ehem. Gasthaus „Adler" an der Marktstätte

Gasthaus „Krone" an der Marktstätte

Ehem. Oberpostdirektion, heute Sparkasse

1980er Jahre zum Vorschein und sind im Archäologischen Landesmuseum zu besichtigen.

An der Marktstätte, in unmittelbarer Nähe zum Kaufhaus, stand das **Heilig-Geist-Spital** der bürgerlichen Stadt von 1225 (Marktstätte 4, heute Postfiliale und Arztpraxis). Reiche Bürger stifteten für den Unterhalt von Armen, Kranken und Alten der Stadt und machten so dem Bischof auf karitativem Felde Konkurrenz. Einige der Wandmalereien sind in der heutigen Postfiliale und der darüber liegenden Arztpraxis zu besichtigen. Die mittelalterliche städtische Spitalstiftung lebt bis heute im Krankenhaus und im Weinbau der Stadt Konstanz weiter, denn der Ertrag des hiesigen und auf Meersburger Gemarkung angebauten Weins kam von Anfang an dieser karitativen Einrichtung zugute. Ab 1812 befand sich das städtische Spital im ehem. Augustinerkonvent und wurde 1870 auf die rechte Rheinseite verlegt.

Am Eingang der Marktstätte steht das wuchtige ehem. **Oberpostdirektionsgebäude** (1891, Marktstätte 1, heute Sparkasse), das mit seiner Neorenaissancefassade, dem Figurenschmuck und den beiden großen Türmen das Selbstbewusstsein der wilhelminischen Epoche verkörpert. Auffällig die Figuren und Büsten – wilde „Exoten" verkörpern die Kontinente, mit denen man mittels Telefon und Telegraf in Korrespondenz treten wollte. Manche der Götter tragen Telegrafenstangen anstelle des Dreizacks oder halten einen Telefonhörer in der Hand! Auch der Blick in den Innenhof lohnt sich: Die modernen Umbauten der Sparkasse fügen sich gelungen in die schlichte Backsteinstruktur ein.

Am Ende der Marktstätte steht der **Kaiserbrunnen**, 1898 von einem reichen Konstanzer Kaufmann gestiftet. Da dessen Originalfiguren der in Konstanz weilenden Kaiser im Zweiten Weltkrieg verschwunden waren, ließ die Stadt Anfang der 1990er Jahre durch das Künstlerehepaar Rumpf aus der Pfalz die Ge-

Marktstätte mit Kaiserbrunnen

Konstanz-Altstadt

schichte in humoriger Weise wieder aufleben: Barbarossa blickt zum See, Maximilian verweist auf seine Gattin Bianca Maria Sforza, die er nach dem Reichstag von 1507 angeblich als Pfand für seine Schulden in der Stadt zurückließ, die Urkunde Barbarossas säumt den Brunnenrand, mit der der für die Stadt Konstanz so wichtige Friede mit den lombardischen Städten fixiert wurde, und kindertauglich verspritzen „Seehasen", die hiesige Variante des Wolpertingers, Wasser neben dem achtfüßigen Ross des Kaisers. Geschichte zum Anfassen und Schmunzeln.

Haus Zum Wolf in der Rosgartenstraße

Rosgartenstraße

Schon an der Ecke Marktstätte/Rosgartenstraße fällt ein schönes Jugendstilgebäude auf und gegenüber, nach dem einzigen **Rokokohaus** der Stadt, **Zum Wolf**, finden sich im Verlauf der Straße noch mehr selbstbewusst ausgeführte Privathäuser (um 1900). Sie gehörten den seit Mitte des 19. Jh. hier sich ansiedelnden jüdischen Geschäftsleuten, die nach der Emanzipation 1861 in Baden sich frei niederlassen konnten. Sie überbauten das Areal zwischen Marktstätte, Rosgartenstraße und Bahnhof, das damals als einziges Neubaugebiet zur Verfügung stand.

Auch die **Synagoge** wurde in diesem Quartier errichtet, doch von dem Gebäude in der Sigismundstraße steht seit der Zerstörung durch die Nazis 1938 nichts mehr, und die hier gebliebenen Mitglieder der jüdischen Gemeinde wurden fast gänzlich deportiert und umgebracht. Die Namen der Deportierten sind auf einer Gedenkstele an der Dreifaltigkeitskirche festgehalten. Von der Bahnhofstraße empfiehlt sich der Blick nach Osten zum **Bahnhof** mit seinem pittoresken Turm: 1861 eingeweiht, bildete seine neogotische, an den Florentiner Palazzo Pitti erinnernde Architektur

Rosgartenmuseum, Leiner-Saal

den Abschluss der Schwarzwaldbahnlinie und sollte den Konstanzern den Kontakt mit der Welt erleichtern.

In der Mitte der Rosgartenstraße findet sich das Schatzkästchen oder besser die Schatztruhe der Konstanzer Geschichtserinnerung, das **Rosgartenmuseum**. Abgesehen davon, dass es eine der bedeutendsten Sammlungen von Kunstschätzen aus allen Jahrhunderten in der Bodenseeregion beherbergt, hat es als Museum schon seine eigene Geschichte. Der Apotheker Ludwig Leiner, der wie einige wenige andere der Zerstörung mittelalterlicher Kunstschätze, der Stadttore und -mauern von Konstanz nicht untätig zusehen wollte, sammelte alles, was ihm historisch wichtig erschien. Sein universelles Geschichtsinteresse umfasste prähistorische Pfeilspitzen, mittelalterliche Wandmalereien, Heiligenstatuen und Brunnenfiguren. 1870 fand seine Sammlung Platz in den ehem. Zunfthäusern Zum Rosgarten und Zum Widder. Sein Geist lebt noch immer im unteren Raum, dem Leiner-Saal, wo die

Dreifaltigkeitskirche

Jugendstilhaus in der Rosgartenstraße

damalige museale Präsentation mit ihren überfüllten Vitrinen und fein gemalten Schildern, ihren Tausenden von Fossilien, Pfeilspitzen und Ammoniten unverändert aus dem 19. Jh. erhalten geblieben ist.

Dreifaltigkeitskirche - ehem. Augustinerkirche

Ähnlich wie die Dominikaner erhielten die Augustiner-Eremiten im 13. Jh. ein am Rande der damaligen Stadt gelegenes Gelände für ihren Konvent und ihre Kirche, die zwischen 1268 und 1328 fertiggestellt wurden. Das heute als offene „City-Kirche" konzipierte Gebäude lohnt einen Besuch, sind an den Obergadenwänden doch **Originalfresken aus der Konzilszeit** zu sehen, die den größten kunsthistorischen Schatz dieser Kirche darstellen.

König Sigismund stiftete als Dank für die Gastfreundschaft, welche ihm die Augustiner während des

Konzils gewährten, den Bilderfries an Nord- und Südwand. Die Bilder (z. T. ergänzt im 20. Jh.) zeigen Szenen aus der Geschichte des Ordens, unter dem Fries in den Bogenzwickeln Kaiser Sigismund und seine Vorfahren aus dem Hause Luxemburg und Aquitanien. Ebenfalls zu erkennen sind Figuren aus dem Alten Testament wie Moses, Micha oder David.

Wandmalerei in der Dreifaltigkeitskirche, König Sigismund

Da die rigide Kirchenpolitik Josefs II. ab 1787 dem Kloster die Aufnahme neuer Novizen verbot und durch die Säkularisation die Gebäude in den Besitz der Konstanzer Spitalstiftung gelangten, wurde mit dem künstlerischen Inventar nicht gerade pfleglich umgegangen. Schon im Bildersturm der Reformation war vieles zerstört worden. Die dreischiffige Pfeilerbasilika ohne Querschiff bekam erst 1740 ein Spiegelgewölbe mit Stuckierung und einem Deckengemälde von Franz Joseph Spiegler*, das die Verklärung des hl. Augustinus zeigt. Die Kirche erfreute sich der besonderen Wertschätzung der Bürgerschaft, die sie immer wieder mit reichen Schenkungen bedachte. Heute schmücken ein Hochaltar, jeweils zwei Seitenaltäre und eine Kanzel aus dem 17. Jh. den Innenraum, die allesamt vom damaligen Pfarrer Conrad Gröber, dem späteren Erzbischof von Freiburg, ab 1906 aus der St. Michaelskirche in Zug/CH angekauft worden waren. Die Kanzel von 1641 gilt als besonders gelungenes Beispiel ihrer Art: Evangelisten sitzen am Gesims einer offenen Kuppel, auf dem Schalldeckel die Gottesmutter.

Bodanplatz und Stadelhofen

Der auf dem Bodanplatz stehende Brunnen trägt die Kopie einer Figur, die als **„Metzgerle"** auf die einstige Funktion des Platzes hinweisen soll: Hier fanden regelmäßig Rinder- und Fleischmärkte statt und die Bauern aus Schwyz boten ihr Schmalz, andere Schweizer ihr Vieh an. Dies zeigt, wie stark Konstanz auch als wirtschaftliches Zentrum der Region fungierte. Es kann getrost behauptet werden, dass Konstanz bis zum Ende des 15. Jh. die eigentliche Hauptstadt des Thurgau war und in der ersten Hälfte des 16. Jh. kurz vor dem Eintritt in die Eidgenossenschaft stand. Dies verhinderten jedoch die katholischen Eidgenossen, die keine weitere große Stadt auf protestantischer Seite innerhalb der sog. Tagsatzung (=Schweizer Landtag) sehen wollten, und der Machtanspruch des Hauses Habsburg.

Gerade in **Stadelhofen**, dem Viertel zwischen Bodanstraße und Grenze, finden sich ehem. bischöfliche Kelhöfe, das Quartier blieb auch später ein Viertel kleiner Leute, viele Häuser zeigten noch bis ins 20. Jh. ihren bäuerlichen Charakter.

Zwischen Emmishofer und Kreuzlinger Tor trennt ein **Grenzzaun** Konstanz von seiner Nachbarstadt Kreuzlingen. Er steht fast beispielhaft für die Abschottung der einst zentral gelegenen Stadt von ihrem ehem. Umland. Heute EU-Außengrenze, wurde der Grenzverlauf erst 1939/40 mit einem richtigen Zaun markiert. Die Menschen vor 1914 bemerkten die Grenze im Alltag eigentlich gar nicht. Erst die Maßnahmen des Kantons Thurgau gegenüber vor allem jüdischen Flüchtlingen aus Nazi-Deutschland und die entsprechende Außenpolitik des „Großdeutschen Reichs" ließen diesen Zaun entstehen. Davor konnten noch viele Juden über diese Grenze aus Deutschland fliehen.

Stadelhofen, Kreuzlinger Straße

Ein besonders tragisches Schicksal widerfuhr dem Hitler-Attentäter **Georg Elser**, der Konstanz und die hiesige Grenzlage von seiner Lehrzeit in den 1920er Jahren gekannt hatte. Nach seinem missglückten Attentat auf Hitler wollte er hier in die Schweiz fliehen. Da er von dem inzwischen errichteten Zaun nicht wusste, wurde er im Garten des Wessenberg'schen Anwesens (Schwedenschanze) von der Polizei verhaftet und ins Konzentrationslager gebracht, wo man ihn im Frühjahr 1945 ermordete. An ihn erinnert eine Tafel vor dem heutigen Sozialzentrum Wessenberg. Am See (Klein Venedig) ist der Grenzzaun 2006 entfernt und durch moderne Kunst – die sog. **Kunstgrenze** von Johannes Dörflinger* – ersetzt worden. Sie soll nun eher verbinden als trennen (siehe Seite 106).

Schnetztor und Hussenstraße

Das **Schnetztor** war Teil der Stadtbefestigung, von der links des Tors noch einige wenige Reste zu sehen sind. Die mächtige Toranlage beherbergt heute die Zunftstube einer der vielen Konstanzer Narrengesellschaften, der traditionsreichen „Blätzlebuebe". Am Schnetztor liegt das **Hus-Museum**, das an den böhmischen Reformator erinnert, der während des Konzils verurteilt und verbrannt wurde (Hussenstr. 64). Es dokumentiert Leben und Wirken von Jan Hus und versinnbildlicht als Museum selbst die hart umkämpfte, späte Ehrung des Reformators. Erst der Liberalismus ab den 1860er Jahren setzte sich über konservative und klerikale Einwände hinweg, den tschechischen „Nationalheiligen" zu ehren.

Schnetztor

Etwas weiter nördlich liegt das Kaufhaus Karstadt, ehem. **Hertie**, mit seiner großen und strengen Frontseite (Hussenstr. 23). Das Kaufhaus öffnete Anfang der 1960er Jahre seine Pforten und galt damals als gelungene moderne Architektur in altem Ambiente. Dass für den wuchtigen Komplex eines der größten Barockgebäude am Bodensee, das Haus Zum Weißen Pfau (Architekt: Peter Thumb*), Sitz der österreichischen Stadtkommandantur, abgerissen wurde, ist schon längst vergessen.

Ehem. Pfarrhof von St. Paul

Gegenüber dem Haupteingang von Karstadt liegt etwas zurückversetzt die ehem. **Paulskirche**, heute Kulturzentrum K9. Die Kirche, von der nur noch die äußere Form und ein mit Rokoko-Stuckdecken versehener Innenraum zeugt, stellte einst eine Station der Roma-Nova-Konzeption der Bischöfe Konrad und Gebhard (s. S. 16) dar. Sie lag im 10. Jh. außerhalb der Mauern, wie S. Paolo fuori le mura in Rom. Kirche und ehem. Pfarrhof bilden heute einen malerischen Komplex (Innenhof des Restaurants).

Im weiteren Verlauf der Hussenstraße steht auf der linken Seite ein Haus (Nr. 18), das eine außergewöhnliche Bemalung aufweist: Der Konstanzer Künstler Hans **Breinlinger***, der in den 1920er bis 1960er Jahren wirkte, bemalte die Fassade 1922 im Stil des Expressionismus. Die Fassadenmalerei wurde bei ihrer Anbringung zum Stadtskandal. Dem bürgerlichen Denken und Geschmack war sie sofort verdächtig, gleichzeitig dokumentiert sie die kleine Künstler- und Literatenszene in Konstanz nach dem Ersten Weltkrieg. Der Elsässer Verleger Oskar Wöhrle und sein bis 1926 hier im Haus ansässiger See-Verlag waren Kristallisationspunkt einer kleinen „Kulturszene", zu denen u. a. Ernst Kromer, Kasia von Szadurska, Karl Einhart und Hans Breinlinger* zählten.

Breinlinger-Haus in der Hussenstraße

Auf dem Blätzleplatz am Nordausgang von Karstadt steht ein moderner **Fastnachtsbrunnen** von 1968, dessen Figuren die ortstypischen Blätzlebuebe und die „Hemmedglonker" am „Schmutzige Dunschtig", dem Nationalfeiertag der Fastnachtsbegeisterten, darstellen.

Rathaus

Das **Konstanzer Rathaus** (Kanzleistraße), ein Gebäudekomplex um zwei Innenhöfe, hat auch einen kleinen Hintereingang vom Augustinerplatz/Blätzleplatz her. Im ruhigeren hinteren Hof steht eine Statue des Wollmatinger Bildhauers Emil Stadelhofer (1872–1961), der Sonnenjüngling von 1910.

Eindrucksvoller zeigt sich der eigentliche vordere **Innenhof**, der mit seiner Renaissance-Fassade nach florentinischem Vorbild, seinen Türmen, Rundbogenfenstern und Wasserspeiern heute zugleich stolzer Sitz des Oberbürgermeisters und einiger städtischer Verwaltungseinheiten ist. Überbaut wurde das mittelalterliche Gebäude Ende des 16. Jh., als die Eingliederung von Konstanz in Vorderösterreich erste wirtschaftliche Blüten trieb. Die Stadt erholte sich von der Krisenzeit der Reformationswirren und der Tuchhandel brachte wieder Geld, sodass sich die Bürgerschaft diesen Ausbau zu einem Kanzleigebäude leisten konnte. Rathaus im heutigen Sinne wurde es erst im 19. Jh.

Wer Zeit hat, steige die Treppen im Nordturm empor und betrachte die Malereien aus der Zeit des Histo-

Rathaus Kanzleistraße, Innenhof

rismus im 1. OG, die spannende Momente der Stadtgeschichte wie die Übergabe an Baden und die 1848er Revolution beschreiben. Auch auf der Außenfassade zur Kanzleistraße „erzählen Wände Geschichte“: Barbarossas Friedensschluss mit den lombardischen Städten, der Einzug seines Enkels Friedrich II. in Konstanz, der möglich wurde, weil die Konstanzer aus Dank gegenüber den Wohltaten seines Großvaters eher ihm als seinem Konkurrenten, dem Welfen Otto, die Tore öffneten, und der Kampf mit den Spaniern 1548, der zur Vereinnahmung der Stadt durch Habsburg/Österreich führte – alles in der liebevoll-fantasiereichen Art dargestellt, die dem Historismus eigen war.

Rathaus Kanzleistraße, Fassade

Blick zum Obermarkt mit Haus Zum hohen Hafen (rechts)

Obermarkt

Geht man die Kanzleistraße zum **Obermarkt**, fällt der Blick auf einen schönen Erker aus der Renaissancezeit an der Fassade der **Malhaus-Apotheke**. Deren oben bereits erwähnter Betreiber und Museumsgründer Ludwig Leiner hatte Sinn für das Erhaltenswerte und malte, was er nicht retten konnte, oder kaufte Details aus der Stadtarchitektur an, die er zu einer bedeutenden Privatsammlung zusammentrug. Diesen Erker, ursprünglich von einem Haus in der Rosgartenstraße, ließ er an seiner Apotheke anbringen.

Malhaus am Obermarkt

Auf der Nordseite des kleinen Obermarkts, des ehem. Gerichts- und Prangerplatzes der Stadt, fällt sofort die Bemalung des Hauses **Zum Hohen Hafen** auf: Wie beim Kreuzgang des Insel-Hotels wirkte auch hier Carl Häberlein*, hier im Auftrag eines Kaufmanns, der seine deutschnationale und lokalpatriotische Gesinnung an die eigene Hauswand gemalt sehen wollte. Dargestellt ist ein Wendepunkt deutscher Geschichte in der Zeit des Konzils: Vor König Sigismund kniet der Burggraf von Nürnberg, ein Hohenzoller, und erhält durch Schwertauflegung die Mark Brandenburg zu Lehen. Das Bild ist dicht gefüllt mit Anspielungen auf den lokalen Hintergrund des Konzils, der Konzilschronist Richental wird dargestellt und Wappen, Fahnen und die „Constantia" umgeben das Hauptbild.

Am Ende der Paradiesstraße erhebt sich die Fassade der 1864 errichteten **ev. Lutherkirche**. Die evangelische Gemeinde, die anfangs an der Marktstätte in einem ehem. Kloster Unterschlupf gefunden hatte, war im Lauf des 19. Jh. auch durch den Zuzug evangelischer Beamter aus Nordbaden derartig angewachsen, dass ein neues repräsentatives Gotteshaus benötigt wurde. Dies war in der katholisch dominierten Stadt nicht selbstverständlich, so erbaute sich die Gemeinde vor dem abgetragenen Paradieser Tor ihre Kirche im neoromanischen Stil.

Obermarkt, Hotel Barbarossa

Fassadenmalerei am Deutschen Haus

Stephansplatz

Ein paar Schritte nordwärts des Obermarkts, an der Mohrenstatue der gleichnamigen Apotheke um die Ecke, fällt der Blick auf den Stephansplatz. Im Hintergrund, Richtung Laube, imponiert die historisierende Bemalung des Hotels Zeppelin von 1904. Auch hier wollten die Besitzer das damals **Deutsches Haus** genannte Gebäude mit Ornamenten, Neorenaissance-Dekorationen und Konstanzer Symbolen wie dem Stadtschild versehen. Anfänglich eine Bank, trug es später (bis heute) den Namen des berühmtesten Sohns der Stadt, des Luftschiffpioniers Ferdinand Graf Zeppelin.

Das weiße Gebäude daneben, heute Grund- und Hauptschule, war die Kirche des ehem. **Franziskanerklosters** aus dem 13. Jh. Ähnlich den Augustinern und den Dominikanern wurde den Franziskanern ein Gelände am damaligen Stadtrand zugewiesen. Die heutige Laube war der Stadtgraben, die

Hecker-Relief an der ehem. Franziskanerkirche

Mauern verliefen ungefähr entlang ihrer Ostseite, teilweise unter Einbeziehung der Häusermauern. Den Franziskanern, wegen ihres karitativen Engagements eine der beliebtesten Ordensgemeinschaften in der Stadt, erging es Ende des 18. Jh., zu Zeiten der österreichischen Säkularisation, nicht anders als den anderen Bettelorden, der Konvent wurde aufgelöst und die Gebäude kommunalisiert. Die ehem. Konventsbauten dienten zuerst als Kaserne, dann als Schule, die ehem. Kirche seit dem 19. Jh. als Bürgersaal für städtische Veranstaltungen.

Auf diesen Saal bezieht sich auch das moderne **Wandbild** des Berliner Künstlers Johannes Grützke (1998) auf der Ostseite: Hier werden die revolutionären Ereignisse des Jahres 1848 dargestellt. Friedrich Hecker, der Advokat aus Mannheim, rief (vergeblich) das zögerliche liberale Bürgertum auf die Barrikaden und zum Sturm auf die Residenz in Karlsruhe, aber es regnete furchtbar an diesem Apriltag 1848 – kein Wetter für eine Revolution! Lediglich Kleinhandwerker und die ersten Arbeiter folgten ihm. Ob er tatsächlich von diesem Balkon die erste deutsche Republik ausrief, ist nicht mehr zu klären.

Stephanskirche

An der Nordseite des Platzes liegt die **Stephanskirche**, die als eine der ältesten Kirchen von Konstanz zu gelten hat: Vielleicht geht sie auf ein spätrömisches Kirchlein zurück, was durch die Lage außerhalb der Kastellmauern, sein altes, schon zu Römerzeiten populäres Patrozinium (St. Stephan als der erste Märtyrer) und viele römische Gräberfunde unter der heutigen Kirche und in unmittelbarer Umgebung untermauert würde. Diese spätrömische Kirche ging wahrscheinlich in den Ungarnstürmen des 10. Jh. unter und ihr Nachfolgebau wurde im 12. Jh. durch eine romanische Säulenbasilika ersetzt. Im 15. Jh. zur Stiftskirche in spätgotischer Manier umgewandelt, wurde sie bald die eigentliche „Leutkirche" der Stadtbürger und entsprechend mit Schenkungen versehen. 1428 kam der wuchtige Turm dazu.

Ihre Innenausstattung wurde durch den Bildersturm der Reformation fast völlig zerstört, jedoch finden sich in dem von mächtigen Achtecksäulen und Arkadenbögen gegliederten Innenraum einige sehenswerte Details. Auf den Säulen prangen Heiligenbilder aus der Zeit um 1570. Vom Hochaltar ist nur das Bild von der Anbetung der hl. Drei Könige (Kaspar Memberger* 1616), heute im nördlichen Seitenschiff, erhalten. Der Blick im Hauptschiff führt nach oben an den neogotischen Wandbildern zum Leben Jesu (1910–17) vorbei zur Decke, die 1770 von Franz Ludwig Herrmann* mit der Anbetung des Lammes versehen wurde. Schön auch das spätgotische Relief des Marientods an der Nordwand (15. Jh.).

Im Chor fällt besonders das von dem niederländischen Bildhauer Hans Morinck* in Öhninger Kalkstein ausgeführte Sakramentshäuschen von 1594 auf. Morinck gilt als Vermittler zwischen Renaissance und Barock und arbeitete einige Schritte von hier in der Zollernstraße, im Haus „Zum Guten Hirten". Bemerkenswert für die Kunstfertigkeit Morincks ist auch das Epitaph für seine Frau (1591) mit der naturgetreuen Darstellung einer Pietà.

St. Stephan

St. Stephan, Marientod

Zollernstraße/ Hohenhausgasse

Vorbei am Haus zur Leiter, dem leider im 19. und 20. Jh. völlig verunstalteten ehem. Wohnhaus von Peter Thumb* in Konstanz (unten heute Modegeschäft Timberland) und der schönen Tiergarten-

Apotheke mit ihrem Barockdach und dem Bild vom Tiergarten auf der Nordseite, und vorbei am Chor der Stephanskirche mit den Statuen der hll. Stephanus und Nepomuk öffnet sich zum See hin die **Zollernstraße**, der ursprüngliche Hafen und Fischmarkt der Stadt, wie die schönen, zum Teil zugemauerten Gewölbe der Häuser zeigen.

Hier liegt das aus der Stadtsilhouette herausragende **Hohe Haus**, ein Gebäude der mittelalterlichen Oberschicht der Stadt. Seine Nord- und Ostwand schmücken Bilder, die noch ganz im Stile des Historismus farbenfroh Ereignisse und besondere Charakteristika des Platzes erläutern wollen (August Brandes, 1935). Beim großen Brand 1966 gingen weitere Bemalungen zugrunde, renoviert wurden danach die Nordseite, wo der Hochzeitszug des Herzogs von Brieg dargestellt wird, der während des Konzils die Tochter Herzog Friedrichs von Österreich heiratete, und die Ostseite mit der Kopie des Fischmarkts, wie er in der offiziellen Konzilschronik des Konstanzer Ratsschreibers Ulrich von Richental abgebildet ist.

Zollernstraße

Im unteren Verlauf der Zollernstraße, neben der mächtigen Neorenaissance-Fassade des ehem. Verlagsgebäudes Stadler, schmückt ein

Zollernstraße, Hohes Haus

sehenswertes Halbrelief das **Haus Zum Guten Hirten**: Hier wohnte und arbeitete der Bildhauer Hans Morinck*, nicht weit vom Hafen, sodass seine schweren Bildnisse schnell auf die Lastkähne geschafft werden konnten, um zu den Kunden, den Kirchen und Klöstern über den See transportiert zu werden.

Direkt daneben, kurz vor dem heutigen Gartenlokal an der Konzilstraße, steht das Haus der **Marie Ellenrieder***, die es Anfang des 19. Jh. als erste Frau in Baden bis zu einem Kunstakademiestudium in München und zur fest bezahlten badischen Hofmalerin brachte, deren Fähigkeiten – sie malte vorzügliche und lebensnahe Porträts der badischen und fürstenbergischen

Haus Zum Goldenen Löwen

Morinck-Relief am Haus Zum guten Hirten

Herrscherfamilien – sich aber nach einem Romaufenthalt und dem Kontakt zu den „Nazarenern" in einer religiösen Fixierung versteiften. Im (zugänglichen) Treppenhaus sind einige Wandbilder von ihrer Hand noch zu sehen.

Im Verlauf der am Hohen Haus abzweigenden Hohenhausgasse bietet sich dem Betrachter rechter Hand ein unerwartetes Fotomotiv: die in den 1970er Jahren restaurierte Fassadenmalerei des Hinterhauses **Zum Goldenen Löwen**. Die Originalmalerei aus der Renaissance wurde den wenigen verbliebenen Resten des Originals nachempfunden und vermittelt einen guten Eindruck von der „ordnenden Hand" dieser Stilepoche: Die unregelmäßig gesetzten gotischen Fenster werden mit Rankwerk, ornamentaler Dekoration, mythologischen Figuren und illusionistischem Mauerwerk umgeben. Der Betrachter sollte einen Eindruck von der Bildung des Hausbesitzers bekommen, seinem Wissen von der Antike, und sicher barg das Haus wie viele andere auch Malereien in seinem Innern.

Torgasse/Lenk-Brunnen

Folgt man dem Weg an der Nordseite der Stephanskirche durch die Torgasse, verlässt man die mittelalterliche Kernstadt. Im Torbogen zur Laube grüßt die Schwurhand als mächtige Bodenskulptur und verweist auf die vielen gerichtlichen und staatsanwaltlichen Stellen in diesem Bereich von Konstanz. Wenn möglich sollte der Besucher auch einen Blick in das hinter der schmiedeeisernen Tür gelegene Anwesen des **Lanzenhofs** werfen (Torgasse 8, heute Staatsanwaltschaft). Das Gebäude muss wohl schon zu Zeiten des Konzils ein prächtiger Bau gewesen sein, diente es doch als Herberge der Gattin König Sigismunds. Der Meersburger Bader Lanz schaffte Mitte des 15. Jh. den sozialen und gesellschaftlichen Aufstieg, indem er eine Adlige aus dem Geschlecht derer von Liebenfels heiratete und somit u.a. in den Besitz des Stadthauses dieser aus dem Thurgau stammenden Familie gelangte.

Außerhalb des Tordurchgangs brandet der Verkehr auf der „Laube", dem ehem. Stadtgraben. Der Blick

Lanzenhof

Figur aus dem Lenkbrunnen an der Laube

fällt sofort auf den **Lenk-Brunnen** und es lohnt sich, in den Mittelstreifen zwischen die Fahrspuren zu treten und die Figuren einzeln zu betrachten. Mit der ihm eigenen Ironie hat Peter Lenk* 1991 den „Konstanzer Triumphbogen" mit satirischen Figuren, Anspielungen auf den Autoverkehr und historischen Zitaten versehen wie den auf der Fahrt zum Konzil auf dem Arlberg mit seiner Kutsche umgekippten Papst Johannes XXIII. (Westseite oben). Aus dem „Papamobil" purzeln die „Hübschlerinnen", die „Kurtisanen", wie es im Originaltext der Richental-Chronik heißt, denen Lenk dann später mit der Imperia am Hafen ein weiteres Denkmal gesetzt hat.

Stadtteil Paradies

Hinter der Laube beginnt die neuzeitliche Bebauung von Konstanz seit dem 19. Jh. Der Name des Viertels rührt eigentlich von einem kleinem Klarissenkloster her, das wohl unmittelbar am Rheinufer angesiedelt war und bei seinem Wegzug im Mittelalter den Namen Paradies mitnahm: Ca. 45 km weiter rheinabwärts zeugt heute Alt-Paradies bei Schaffhausen von dieser „Namenswanderung". Warum der Name **Paradies** hier bei Konstanz erhalten blieb, ist nicht mehr zu klären. Zwischen dem Eggenhusen genannten Dorf, das sich um das Klösterchen entwickelt hatte, und der Stadt lag jahrhundertelang eine große Wiesenfläche, der sog. **Brühl**. Der Brühl diente als Aufmarschfläche für das Militär, hier lag das Schützenhaus und bis zu seiner Verlegung an die Marktstätte stand hier ein Kapuzinerkloster. Auf der Fläche des heutigen Schulhofs des Humboldt-Gymnasiums beteten und arbeiteten seit dem 12. Jh. iroschottische Benediktinermönche in einem weiteren Kloster, das während der Reformation bis auf das kleine Gotteshaus (Schottenkapelle) verschwand. Bis ins 19. Jh. diente der heutige Schulhof als städtischer Friedhof.

Häuser im Paradies (Schulstraße)

Ein Spaziergang durchs Paradies

Die ersten Häuserreihen in der Schotten- und Schützenstraße sind Zeugen der systematischen Überbauung des Brühls ab der Mitte des 19. Jh., anfangs noch durch Einzelgebäude mit Garten im Biedermeier- und neoklassizistischem Stil (Schützen- und Schottenstraße), spätestens ab der Brauneggerstraße im gründerzeitlichen Stilmix von Neoklassizismus, Neorenaissance und Neogotik. Eine Ausnahme bildet das Jugendstilgebäude an der Ecke Schul- und Schottenstraße, genannt **Kramerhaus**. Die städtebauliche Entwicklung wollte man in den Boomzeiten um die Wende vom 19. zum 20. Jh. mit großen Wohnblocks weiterführen, dies verhinderten aber der Erste Weltkrieg, die Inflationszeit und die

Kramerhaus im Paradies

Weltwirtschaftskrise in den Jahren danach. So wurden die nie zu Ende geführten Blocks bzw. die dadurch entstandenen Lücken erst nach dem Zweiten Weltkrieg durch die schnell hochgezogenen, eher schlichten Bauten der städtischen Wohnbau-

Hussenstein

gesellschaft WOBAK und des Spar- und Bauvereins geschlossen, die mit großem Engagement Wohnraum für die schnell wachsende Bevölkerung schufen – als unzerstörte Stadt erhielt Konstanz Zulauf von Flüchtlingen aus den ehem. Ostgebieten und der späteren DDR. An vielen dieser Gebäude sieht man Sgraffiti des Künstlers Hans Sauerbruch*. Auf dem Weg ins hintere Paradies zur Europastraße und zum Rhein steht eine bauliche Besonderheit: Die Stadt finanzierte in den Notzeiten der 1920er Jahre unter großen Mühen die **Schindelhäuser** (Ende Turnierstraße), die als Ensemble erhalten sind. Man bemühte sich um die Schaffung günstigen und für damalige Verhältnisse modern ausgestatteten Wohnraums. Die Innenhöfe erinnern an Gartensiedlungen, und die Stadt hatte sogar noch Geld für kleine künstlerische Ausgestaltungen wie die kleinen Halbreliefs über den jeweiligen Türen.

Vor dem Gang zum Rhein sei ein kurzer Abstecher in und an das städtische Palmenhaus und den **Hussenstein** empfohlen. Die Gedenkstätte für den angeblich hier während des Konzils verbrannten böhmischen Reformator Jan Hus und seinen Gefolgsmann Hieronymus von Prag wurde 1863 am Ende einer Allee angelegt. Der Hussenstein ist heute wichtiges Ziel vieler tschechischer Touristen.

Ensemble aus Schindelhäusern

Palmenhaus im Paradies

Das **Palmenhaus** (Zum Hussenstein 12) wurde 1926 gebaut und sollte dem Besucher eine Oase der Ruhe im Ambiente exotischer Pflanzen und Bäume bieten. Seit eine Bürgerinitiative das Palmenhaus und den darum gelegenen Park vor der städtischerseits geplanten Überbauung gerettet hat, kann dies zu regelmäßigen Öffnungszeiten auch wieder nachvollzogen werden.

Ganz im Westen des Paradieses steht die **Martinskapelle**, ein kirchenrechtliches Kuriosum, gehört das kleine Gotteshaus doch nicht der Kirche, sondern dem hiesigen Kapellenverein, der diesen Neubau 1921 finanzierte und die ehem. St. Nepomukkapelle ersetzte. Ein Blick auf die neobarocke Inneneinrichtung lohnt sich.

Bibliothek der HTWG, ehem. Schlachthof

Die Brunnenfigur vor der Kirche, der Bauernheilige Lienhard oder Leonhard, verweist auf das ländliche Ambiente, das bis heute an einzelnen Gebäuden abzulesen ist. Sie können ihre Funktion als ehem. und teilweise bis heute aktiv genutzte Bauernhäuser nicht verleugnen.

Der Spaziergang führt am Seerhein entlang über das sog. **Schänzle** unter der Autobahnbrücke aus den 1970er Jahren hindurch wieder zurück Richtung historische Kernstadt. Am Rhein liegt zuerst das Gebäude der landkreiseigenen Wessenbergschule und des Kreisarchivs Konstanz in Stil und Bauweise des Bauhauses (Architekt Hermann Blomeier*). Dann folgt der Campus der HTWG, in Konstanz immer noch als **Fachhochschule** oder sogar noch älter als Technikum bekannt (Brauneggerstr. 55). Die von dem Ingenieur Alfred Wachtel 1908 gegründete Ingenieurschule umfasst heute Gebäude aus dieser Anfangszeit, Teile wurden in den 1950er Jahren errichtet (hier symbolisiert ein Blitze tragender Prometheus den gefährlichen Umgang der Menschen mit der Technik) und sogar der ehem. Schlachthof der Stadt

Aula der Fachhochschule mit Prometheus-Figur

Handwerkerfigur vor der Handwerkskammer

Konstanz, 1879 im „lombardischen Landhausstil“ errichtet, wurde 1997 als Bibliotheksgebäude integriert.

Neben der sog. Fahrradbrücke über den Seerhein zeugen zwei Handwerkerfiguren vor dem Innungsgebäude der heutigen **Handwerkskammer** (1914, Webersteig 3) vom Selbstbewusstsein jener Zeit, die in diesem Stand eine Säule der Gesellschaft sah. Vorbei an dem wilhelminischen Gebäude des **Humboldt-Gymnasiums** mit seiner zeittypischen Schulbauarchitektur (1908, Schottenplatz 2) gelangt man wieder zur Laube und in die Innenstadt. RS

Humboldt-Gymnasium

Martinskapelle im Paradies

Allgemeine Informationen zu Konstanz erhalten Sie bei der **Tourist-Information** am Bahnhofplatz 13, Postfach 10 21 52, D-78412 Konstanz, Tel. +49 (0)75 31 13 30 30, www.konstanz.de/tourismus

Rosgartenmuseum, Rosgartenstraße 3-5, D-78462 Konstanz, Tel. +49 (0)75 31 900 246, www.rosgartenmuseum-konstanz.de, Öffnungszeiten: Di-Fr 10-18 Uhr, Sa/So/Feiertage 10-17 Uhr

Hus-Museum, Hussenstraße 64, D-78462 Konstanz, Tel. +49 (0)75 31 290 42, Öffnungszeiten: Mai-September Di-So 11-17 Uhr, Oktober-April Di-So 11-16 Uhr

Kulturzentrum mit Wessenberg-Galerie am Münsterplatz, D-78462 Konstanz, Tel. +49 (0)75 31 900 376 oder 900 921, Öffnungszeiten: Di-Fr 10-18 Uhr, Sa/So/Feiertag 10-17 Uhr

Fastnachtsmuseum im Rheintorturm, Rheinsteig, D-78462 Konstanz, www.rheintorturm.de, Öffnungszeiten: Fr 18-22 Uhr, Sa-So 14-17 Uhr

Bodensee-Naturmuseum im Sea-Life-Center, Klein Venedig, D-78462 Konstanz, Tel. +49 (0)75 31 900 913, Öffnungszeiten: Juli-September täglich 10-19 Uhr, April-Juni und Oktober täglich 10-18 Uhr, November-März täglich 10-17 Uhr

Konstanz - Stadtteile

Wer sich aufmacht, die nördlich des Rheins liegenden Stadtteile zu erkunden, betritt ein Stück unbekanntes Konstanz. Für eilige Tagesausflügler besteht das „sehenswerte Konstanz“ nur aus der historischen Altstadt links des Rheins, bestenfalls ist noch die Mainau im touristischen Blickfeld. Die rechtsrheinischen Stadtteile aber scheinen kaum eines Besuchs wert, obwohl von den heute rund 82 000 Einwohnern über 63 000 rechts von See und Rhein leben. Gänge in das „neue Konstanz“ lohnen in vielfacher Weise.

Neben den alten Dörfern **Wollmatingen** im Westen (urkundlich erwähnt 724, eingemeindet 1934) und **Allmannsdorf** im Osten (urkundlich erwähnt 722, eingemeindet 1915) mit eigener Geschichte und Resten alter Ortskerne gilt dies besonders für den größten rechtsrheinischen Stadtteil **Petershausen**, der nördlich von Konstanzer Bucht und Seerhein

Konstanz, Petershausen mit Rheinbrücke, ehem. Kloster (links) und Seestraße

direkt an die Altstadt angrenzt. Noch bis 1880 war dieses Gebiet nur dünn besiedelt: Neben dem Komplex des ehem. Klosters Petershausen fanden sich nur vereinzelte Fabriken am Seerhein, einige Bauernhöfe, Landgüter sowie Land- und Herrensitze. Was nicht Sumpf- und Ödland oder Wald war, wurde landwirtschaftlich genutzt, vor allem der Weinbau spielte eine bedeutende Rolle. Noch 1885 lebten in Petershausen erst 200 Menschen, 1910 waren es schon 7000, heute sind es gut 20 000.

Zeugnisse dieser stürmischen Entwicklung sind reichlich vorhanden, auch wenn der Stadtteil in allerjüngster Zeit radikale Umbrüche erfahren hat: Die historische Fabriken- und Industrielandschaft im Westen ist weitgehend verschwunden, die im 19. Jh. entstandene Villen- und Parklandschaft im Osten ist in letzter Zeit einem nicht weniger radikalen Wandel ausgesetzt.

Kloster Petershausen

Vom Rheintor aus hat man einen schönen Blick auf den Stadtteil Petershausen und die Anlage des ehem. **Benediktinerklosters St. Gregor,** das als ummauerter Komplex lange Zeit der einzige größere Konstanzer Siedlungsteil nördlich des Rheins war. Über Jahrhunderte verband nur eine Fähre das Nordufer mit der Stadt. Die erste **Rheinbrücke** wurde um 1225 gebaut, sie mündete wie alle Nachfolger in das große **Rheintor**, das den Hauptzugang zur Stadt von Norden her bildete. 1857 brannte die weitgehend aus Holz konstruierte alte Rheinbrücke ab. 1858–63 wurde, weiter zum See hin verschoben, ein massiver Neubau errichtet, zusammen mit einer Eisenbahnbrücke, da Konstanz zu dieser Zeit an das Schienennetz angeschlossen wurde. 1936–38 erfolgte eine grundlegende Modernisierung und Vergrößerung der Brücke. Die alten Brückenfiguren (1861) zieren heute den Rheinsteig zwischen Rheintor- und Pulverturm.

Kloster Petershausen, Konventsbauten

Kloster Petershausen wurde 983 als bischöfliches Eigenkloster gegründet und war Teil der Roma-Nova-Konzeption der später heilig gesprochenen Konstanzer Bischöfe Konrad und Gebhard, d. h. der mittelalterlichen Umgestaltung der Bischofsstadt zu einem „neuen Rom“ als Pilgerziel (siehe S. 16). Besitz und Einfluss der Reichsabtei reichten weit über die Grenzen der Region hinaus.

Die 1173–80 erbaute romanische Klosterkirche wurde 1832 abgebrochen, ein großer kunsthistorischer Verlust, nur das romanische **Figurenportal** wurde gerettet und ist heute im Badischen Landesmuseum Karlsruhe zu bewundern. Von den Klostergebäuden ist die ehem. **Prälatur** erhalten geblieben (1551, heute Musikschule), ein lang gezogener Renaissancebau entlang der Spanierstraße mit Treppenturm und Staffelgiebeln, außerdem das große dreiflügelige **Konventsgebäude** (heute Archäologisches

Kloster Petershausen, Portal der Prälatur

Offizierscasino am Seerhein

Landesmuseum und Stadtarchiv), ein barocker Neubau von 1669–72 nach Plänen des Petershauser Paters Übelacker, dem fast der gesamte mittelalterliche Klosterkomplex zum Opfer fiel. Im Ostflügel des EG sehenswert ist das sog. Herrenrefektorium mit frühklassizistischem Stuck.

Nach der Aufhebung des Klosters diente die Anlage zuerst als Großherzogliches Schloss, dann als Kaserne. Für die Soldaten wurde 1877 ein riesiger Neubau als **Mannschaftsgebäude** im strengen Stil der Bauten Schinkels längs der Bahnlinie errichtet (heute Polizeidirektion Konstanz). Weitere Kasernenbauten, welche die ehem. Rolle von Konstanz als Garnisonsstadt dokumentieren, finden sich zwischen Stein- und Gustav Schwab-Straße (ehem. Jägerkaserne, erbaut 1913–15) sowie im Ortsteil Fürstenberg (ehem. Cherisy-Kaserne, erbaut 1937).

1945–77 wurden die Konstanzer Kasernen von französischen Soldaten genutzt. Danach wurde das Areal der Klosterkaserne einer umfassenden Sanierung und städtebaulichen Neubestimmung unterzogen – dazu zählen auch das ehem. **Torkelgebäude** des Klosters (heute Sozial- und Jugendamt), das neu errichtete Landratsamt (1984) sowie eine neue dichte Wohnbebauung.

Entlang des Seerheins

Gegenüber der Prälatur fällt das einstige **Offizierskasino** am Seerhein auf (Spanierstr. 3, Restaurant), 1900 als Bau des späten Historismus im Stile der deutschen Renaissance errichtet. Der barocke Engel auf dem seeseitigen Mittelgiebel zierte früher die Klosterkirche St. Gregor. Im Inneren sehenswert der Festsaal, ehem. genutzt für Festveranstaltungen der Offiziere der hiesigen Garnison.

Das 1937 errichtete **Kur- und Hallenbad**, das erste moderne Hallenbad am Bodenseeufer, mit seiner schönen Terrasse dokumentiert das Bemühen der NS-Stadtverwaltung, Konstanz zu der „Fremdenstadt im deutschen Süden“ und zu einer Kurstadt des Reiches auszubauen.

Rheinabwärts folgten noch bis vor kurzem die Bauten der Konstanzer

Kur- und Hallenbad am Seerhein

Industrie, allen voran die Firmen Herosé, Degussa und Stromeyer. Die De-Industrialisierung der letz-

„Stadt am Seerhein" mit Schneckenburg (links)

ten Jahrzehnte hat nach Abriss der alten Bauten eine Industriebrache hinterlassen, die nun nach und nach neu überbaut wird: Auf dem Herosé-Gelände entsteht die sog. **Stadt am Seerhein**, ein neuer Büro-, Wohn- und Dienstleistungsstandort in Gestalt von fünf gemischt genutzten Hofgärten mit insgesamt 300 Wohneinheiten – ein neuer Uferweg am Wasser ermöglicht nun einen Zugang zum Rhein. An die 1813 gegründete Weberei und Stoffdruckerei der Gebrüder Herosé aus dem Aargau erinnert nur noch die sog. **Schneckenburg**, um 1650 als Landhaus am Seerheinufer errichtet und ab 1673 Sommersitz der Konstanzer Jesuiten (heute Institut für Kulturwissenschaft der Universität Konstanz).

Die in einem Park liegende **Fabrikanten-Villa Herosé** (auch Villa Rheinburg, zwischen Spanierstraße und Fahrradbrücke) wurde 1863 erbaut und 1904 von Viktor Herosé um Gartensaal, Turm, repräsentatives Treppenhaus und einen Anbau im Jugendstil erweitert. Bis in die 1920er Jahre residierte hier die Familie Herosé, (heute Nutzung durch die HTWG Konstanz).

Auch von der chemischen Industrie am Konstanzer Seerhein, der einstigen Firma **Degussa** (zuletzt Great Lakes Chemical) wird fast nichts übrig bleiben. Das Areal ist zur weiteren Bebauung frei gegeben, hier sollen „gemischt genutzte Strukturen mit Wohnen, Dienstleistungs- und Gewerbebetrieben sowie Einzelhandel" entstehen. Lediglich das **Verwaltungsgebäude** soll wegen seiner ansprechenden Jugendstilarchitektur erhalten bleiben.

Das westliche Petershausen

An der Reichenaustraße ist 2001 die **Mevlana Moschee** der türkisch-islamischen Gemeinde mit

Mevlana Moschee

Kuppel und einem 35 Meter hohen Minarett entstanden. Ihren Namen verdankt sie dem islamischen Mystiker Mevlana Dschalal ad-Din ar-Rumi, der als Gründer des Mevlana-Derwischordens gilt. Der prächtig ausgemalte Gebetsraum ist sehenswert und zu besichtigen (Herr Acar, Tel. 0176 20 45 93 06).

Etwas nördlich davon, zwischen Hindenburg- und Markgrafenstraße, erstreckt sich der 1927 fertig gestellte **Hindenburgblock** (heute Petershauser Park) mit seinem großzügigen, schön begrünten Innenhof. Er erinnert an die großen Wiener Gemeindebauten jener Jahre und war mit 234 Wohnungen für etwa 600 Menschen mit geringem Einkommen das größte städtische Wohnbauprojekt im Konstanz der 1920er Jahre. Der künstlerische Anspruch in der Gestaltung zeigt sich etwa an den Türen und Hauseingängen sowie an der teilweisen Bemalung der Fassaden.

Weiter östlich an der Markgrafenstraße liegt die **Bruder Klaus-Kirche**, die erste Kirche, die nach dem Zweiten Weltkrieg in Konstanz neu erbaut wurde (1956). Sie wurde als Mahnmal für den Frieden dem Schweizer Friedensstifter Nikolaus von der Flüe geweiht. Weithin sichtbar ist der schlanke, freistehende Glockenturm zu erkennen, an der Fassade ein Relief der Hochzeit zu Kana von Emil Sutor*.

In der Schneckenburgstraße, unmittelbar am Bahnübergang, steht das Areal der seit 1874 in Konstanz ansässigen **Rieterwerke** (Gießerei und Maschinen-Fabrik Arthur Rieter), die bis heute Maschinen und Anlagen für die keramische Industrie produziert. Das denkmalgeschützte Verwaltungsgebäude (1890) mit angrenzenden Werkshallen und schöner Innenarchitektur ist nach

Hindenburgblock

Umnutzung teilweise öffentlich zugänglich.

Der 1869 neu angelegte **Hauptfriedhof** ist nicht nur wegen seiner schönen Lage einen Besuch wert, sondern auch wegen einer ganzen Reihe von historischen Grabdenkmälern – darunter dasjenige der Malerin Marie Ellenrieder*, des Sanatoriums-Gründers Dr. Büdingen oder der Unternehmerfamilie Stromeyer – und vor allem wegen des ebenfalls 1869 angelegten **jü-**

Bruder Klaus-Kirche, Chorwandrelief

dischen Friedhofs von Konstanz. Die bereits vor dem Ersten Weltkrieg von Stadtbaumeister Paul Jordan geplante **Aussegnungshalle** mit Krematorium (1919), ein imposanter Rundbau im klassizistisch beeinflussten ausklingenden Jugendstil, zeigt unterhalb des Kuppelansatzes einen Figurenfries, auf dem sich Männer- und Frauenköpfe als Symbole für Krieg und Frieden abwechseln, ein Motiv, das sich im Innenraum fortsetzt.

Aussegnungshalle auf dem Hauptfriedhof

Etwas nördlich des Friedhofs liegt auf dem Raiteberg über Weinbergen der 1912 nach einem Entwurf von Georg Wickop aus Darmstadt gebaute **Bismarckturm** – einer von ehem. 265 in Deutschland zwischen 1869 und 1934 zu Ehren des Reichskanzlers und -gründers Otto von Bismarck errichteten Türme. Die Feuerschale auf der Turmkrone wurde bis zum Zweiten Weltkrieg alljährlich zu Bismarcks Geburtstag am 1. April

Stromeyersdorf

Die weiter rheinabwärts gelegene ehem. **Industriesiedlung Stromeyersdorf** entstand 1905–12 nach Planungen des international renommierten Stuttgarter Industriearchitekten Philipp Jacob Manz*. Die Architektur orientierte sich an der Verbindung von Prinzipien einer rationalen, modernen und zeitsparenden Produktion mit den Gedanken einer auf Landschaft und Heimat bezogenen Bauweise. Von der Gesamtanlage sind nur noch einzelne Bauten vorhanden. Nachdem die weltweit bekannte Textilfirma Stromeyer 1984 ihre Tore geschlossen hatte, wurden 1991 große Teile der Fabrik abgebrochen und damit eines der bedeutendsten Industriedenkmäler am Bodensee zerstört. Das **Neuwerk**, ein ehem. Erweiterungsbau jenseits der Reichenauer Straße, wird heute von Handwerkern, Künstlern und Kulturschaffenden vielseitig genutzt.

Erhalten geblieben sind unter anderem Teile der Bleiche, der Kontorbau, die Werkskantine, ein Angestelltenwohnhaus, ein Holzturmbau als Überbleibsel der Zimmerei und der weithin als Wahrzeichen sichtbare Stahlbeton-Wasserturm (1910). In der am Ufer stehenden **Bleiche** (heute Restaurant mit Biergarten) künden alte Fotografien und Dokumente von dem einstigen Vorzeigeobjekt der regionalen Industrie. WT

und zur Sommersonnenwende entzündet. Bei schönem Wetter ist der Turm meist geöffnet, aber auch vom Fuß des Turms bietet sich eine weite Aussicht.

Vom Panoramaweg oberhalb der Konstanzer Weinberglagen Raiteberg und Sonnenhalde gelangt man über die Friedrichstraße hinunter in die sog. **Sierenmoos-Siedlung**, eine den Ideen der Gartenstadt-Bewegung verpflichtete und als Ensemble geschützte Kleinhaus-Siedlung (zwischen Allmannsdorfer- und Sierenmoosstraße). Sie wurde in den wirtschaftlich schwierigen 1920er Jahren durch den Spar- und Bauverein erbaut, um der großen Wohnungsnot in Konstanz zu begegnen. In lockerer Reihe entstanden Komplexe von jeweils zwei bis vier aneinander gebauten zweigeschossigen Häusern, eingeleitet durch einen aus neun Häusern bestehenden Rondellbau (Ecke Allmannsdorfer-/Beyerlestraße). Die Siedlung ist großzügig durchgrünt, kleine Ziergärten an

Die Sierenmoos-Siedlung

den Eingängen wurden um große Nutzgärten nach hinten ergänzt, welche der Selbstversorgung der Bewohner dienten.

Am Ende der Sierenmoosstraße steht rechts ein stattlicher ehem. **Torkelbau** des Klosters Salem, ein

Der Bismarckturm auf dem Raiteberg

Wappen an der Ostseite trägt die Inschrift „Salmenschweil“ mit Jahreszahl 1720. Etwas östlich davon, an der Mainaustraße, steht der **Tannenhof**, einst das Allmannsdorfer Sondersiechenhaus „Zur äußeren Tann“, seit dem 19. Jh. bis 1989 Gastwirtschaft.

Das östliche Petershausen

Das **historische Zentrum von Petershausen** liegt zwischen Zähringer- und St. Gebhardplatz. Die Gebhardschule, die Kirche St. Gebhard und das 1969 als „Fernmeldedienstgebäude“ errichtete **Telekom-Hochhaus** mit seinen gut 90 Metern Höhe setzen einen markanten städtebaulichen Akzent. Sie gruppieren sich um eine vom Verkehr umtoste Grünfläche, die allerdings kaum als Zentrum des Stadtteils wahrgenommen oder genutzt wird.

Die 1909 von Stadtbaumeister Paul Jordan im Jugendstil mit schöner Aula, Turnhalle mit Kassettendecke und Brunnenhäuschen erbaute **Volksschule Petershausen**

Das Zentrum von Petershausen mit der Kirche St. Gebhard

(heute Gebhardschule und Theodor-Heuss-Realschule) fand weit über die Grenzen von Konstanz hinaus Beachtung und galt als Musterbeispiel eines modernen Schulhausbaus.

Die **kath. Kirche St. Gebhard** (1929/30) unterstreicht die damals rasante Entwicklung des „neuen Konstanz" rechts des Rheins. Einige barocke Reminiszenzen, etwa die geschwungene Giebelform der Hauptfassade, barock wirkende Fenster oder der kleinteilige Turmabschluss, stellen stilistisch einen Bezug zum nebenstehenden, 1926 in neobarockem Stil errichteten Pfarrhaus und der Volksschule her. Im Übrigen aber stand der Kirchenbau mit seinen klaren, fast monumentalen Formen ganz im Geiste und Stil der Weimarer Sachlichkeit.

Holzbau der Pauluskirche

Südöstlich davon liegt am Rande des Krankenhausparks (Ecke André Noel-/Mainaustraße) die **ev. Pauluskirche**, 1928 als provisorische Behelfskirche in Holzbauweise errichtet. Mit ihrem Schindelmantel erinnert der Bau an osteuropäische Holzkirchen. Bemerkenswert im Inneren ist das von Karl Knappe geschaffene farbige Chorfenster, das Jesus als Schwarzen zeigt und in der NS-Zeit als Beispiel „entarteter Kunst" verhängt werden musste.

An der Neuhauserstraße ist der monumentale Neubau des **Heinrich-Suso-Gymnasiums** zu nennen, ein Ensemble aus Schulgebäude, Turnhalle, Direktoren- und Schuldienerhaus (1911). Die historische Bibliothek, in welche auch Bibliotheken aufgelassener Konstanzer Klöster integriert wurden, darf zu den wenig bekannten bibliothekarischen Kostbarkeiten des Bodenseeraums gezählt werden.

Seestr. 1, ehem. See-Hotel, Fassadenfigur

Entlang der Seestraße und des Seeufers

Zu Beginn der **Seestraße** finden wir „eines der markantesten Beispiele einer Wohnbebauung um die Jahrhundertwende in Südwestdeutschland“ (G. Vilmar), erbaut in den Jahren 1896–1911 nach Plänen des Konstanzer Architekten Jacob Walther in den vielfältigen Stilen des Historismus (Seestr. 1–11). Markant sind die beiden Eckbauten des ehem. **See-Hotels** (1902, Seestr. 1) im Westen und des ehem. **Sanatoriums Dr. Leube** im Osten (1896, Seestr. 11). Haustüren und Treppenhäuser zeigen schöne Glasmalereien, Karyatiden und Atlanten tragen stattliche Balkone, lauschige Vorgärten erinnern an frühere Zeiten.

Mit der **Seepromenade** selbst, 1869 durch Aufschüttungen am Ufer gewonnen, verbanden sich weit reichende Hoffnungen, Konstanz zu einer Metropole des internationalen Fremdenverkehrs zu machen. Von diesen Plänen ist heute nur ein 4 ha großer verwilderter Park übrig geblieben – das Gelände des ehem. **Sanatoriums Dr. Büdingen**. 1874 hatte hier das „Bad-Hotel“ als ein

Konstanz-Stadtteile

Die Konstanzer „Goldküste"

Anders als in vielen Städten Europas, in denen die vornehmen Wohnviertel im Westen, die Industrie- und Arbeiterquartiere hingegen im Osten entstanden, hat sich die Konstanzer Industrie im Westen, besonders am Ufer des Seerheins, entwickelt, während sich nach Osten hin, am Seeufer und dahinter, Villa an Villa reihte.

Das **Konstanzer Seeufer** ist ein eindrückliches Beispiel für den Landschaftswandel am Bodensee. Vom Mittelalter bis in die frühe Neuzeit war das Ufer allenfalls landwirtschaftlich von Interesse – Rebengärten und Rebhäuschen, dazu gut 40 Torkel zwischen Hornspitze und Wollmatingen boten ein beschauliches Bild. Doch ab dem 16. Jh. kam es bei betuchten Konstanzern und auch bei Auswärtigen in Mode, sich vor den Toren der Stadt einen Sommersitz zu errichten: Sozialprestige und Kapitalanlage, landwirtschaftliche Nutzung und Landschaftsgenuss standen hierbei im Vordergrund.

In der Zeit der Industrialisierung waren es dann Fabrikanten, zivilisationsmüde Privatiers oder pensionierte Minister und Offiziere, welche die Vorzüge des Ufers für sich entdeckten. Der „Blick auf See und Gebirge" wurde zur lukrativen Kapitalanlage und zum Objekt der Spekulation, aus einfachen Landgütern erwuchsen **herrschaftliche Villen mit Parklandschaften**, sorgsam gegen die Blicke der Öffentlichkeit abgeschirmt. Die „Goldküste" am Bodensee war geboren, und sie hat, wie die jüngsten Nachverdichtungen zeigen, nichts von ihrer Attraktivität für Baulustige eingebüßt.

Seestraße, Villa Prym

Erst seit 1995 ist das Seeufer durch einen zum Teil aufgeschütteten Uferweg bis hinaus zur Hornspitze durchgehend begehbar. Doch auch die Bebauung des Ufers hat sich nachhaltig verändert: So manche Villa wurde in Eigentumswohnungen aufgeteilt, umgebaut oder ganz abgerissen und durch renditeintensivere Großbauten ersetzt, so mancher Park durch Neubauten „nachverdichtet". So ist die im 19. Jh. entstandene Landschaft aus Villen und Parks hier nur noch in Einzelexemplaren erkennbar – als Ensemble wurde sie nie begriffen und geschützt. WT

Haus ersten Ranges eröffnet, doch bereits zwei Jahre später waren mit dessen Konkurs die Träume von einem „Luzern am Bodensee“ ausgeträumt. Ab 1902 warb das Haus als Sanatorium um wohlhabende Gäste. Seit dem Abbruch des riesigen Gebäudes 1968 wird um das Gelände gerungen zwischen den an einer maximalen Bebauung interessierten Eigentümern und einer Bürgerinitiative, die sich für dessen Erhalt und Öffnung als „Bürger-Park“ einsetzt.

Am vorderen Eck des Parks ist die schön sanierte ehem. **Ärzte-Villa** des Sanatoriums mit hübschem Belvedere erhalten (um 1905, Ecke Glärnischstraße). An der Ecke Säntisstraße steht ein hübsches kleines **Landhaus** (1872, Seestr. 15, heute Hotel). Für Freunde der Villenarchitektur lohnt sich hier ein Abstecher über die Säntisstraße hinauf zur Mainaustraße, an welcher vornehmlich die hohen Offiziere der Konstanzer Garnison ihre Villen errichteten. Ein besonders schönes Beispiel ist die **Villa Baader** (Mainaustr. 36), erbaut 1869 durch Adolf Weinbrenner (1836–1921) in Formen der italienischen Renaissance.

Zurück an der Seestraße, folgt die 1892 errichtete ehem **Villa Stromeyer** des Fabrikanten Ludwig Stromeyer (1892, Seestr. 19, siehe Stromeyersdorf). Das daneben liegende **Casino Konstanz** ist eine 1951 gegründete Dépendance der Spielbank Baden-Baden. Der Bau war zuvor ebenfalls eine Konstanzer Fabrikanten-Villa im Besitz der jüdischen Familie Rothschild (Seestr. 21).

Villa Baader, Mainaustraße

Seestraße, Uferpromenade

Auch die ehem. **Villa Bantlin** (1908, Seestr. 25, in den Komplex des Luxushotels Riva integriert) gehörte einer Fabrikantenfamilie, die aus Reutlingen zugewandert war und am Rheinufer eine Holzverkohlungsindustrie betrieb. Zusammen mit der angrenzenden ehem. **Villa Mündel** (Seestr. 27) lassen sich hier die Folgen der kaum eingeschränkten Maximalnutzung des Seeufers studieren: Das Ensemble aus zwei einzeln stehenden Villen mit den dazu gehörigen Parks ist einer intensiven Gründstücksbebauung gewichen.

Ein erfreuliches Beispiel ist hingegen die schöne **Villa Prym** am Ende der alten Seepromenade. Prym, Fabrikant aus Stolberg im Rheinland und bekannt als Erfinder des Druckknopfes, erwarb 1898 die bereits 1860 errichtete Villa Hammer und baute sie nach seinen Vorstellungen um. 1908 erfolgte die Bemalung der Fassade mit Motiven einer Treibjagd durch Prof. August Groh – an der Spitze des Jagdzuges hoch zu Pferd Pryms Tochter Louise und deren Gatte Friedrich Adolf von Goedecke.

Am Ende der Seepromenade beginnt der bis 1995 neu angelegte **Seeuferweg**. Kurz hinter der Schmugglerbucht steht ein kleines Badehäuschen aus dem 19. Jh. an einer alten Ufermauer – eine Erinnerung an die frühere **Villa Rosenau,** die hier um 1875 durch den an der Stuttgarter Hochschule lehrenden Robert von Reinhardt im Stil der italienischen Renaissance erbaut und 1973 abgebrochen wurde. An ihre Stelle trat die private Seniorenresidenz Rosenau mit 256 Wohneinheiten. Dass ein großzügiger Neubau auch vereinbar ist mit dem Erhalt einer alten Villa und zumindest von Teilen ihres Parks, zeigt das angrenzende Gelände der **Villa Douglas**, 1858 im Stile eines biedermeierlichen Landhauses erbaut. Sie wurde einschließlich ihrer Nebengebäude erhalten, als 1993 der Neubaukomplex der Kliniken Schmieder entstand (Architekten Grüttner und Dreckhof, Soest).

Auf ganz andere Weise verbinden sich Alt und Neu beim ehem. **Torkel des Dominikanerklosters** (16. Jh.). Das private Wohnhaus wurde 1996 durch den Frankfurter Architekten Christoph Mäckler um ein in der Fachwelt viel beachtetes Scheibenhaus ergänzt (Alpsteinweg 14). Unweit davon liegt etwas versteckt in einem weitläufigen Park die **Villa Remy**. Bauherr war ein Oberstleutnant aus Bendorf am Rhein und der Architekt der in Süddeutschland renommierte Münchner Emmanuel Seidel (Privatbesitz, Turmanbau 1940, Neubauten im Park 2008).

Die **Villa Stiegeler** kurz vor dem Bootslandesteg links (Hermann Hesse-Weg 16), vornehm im Hintergrund eines großen Parks liegend, wurde 1921–23 von dem Konstanzer Kommerzienrat Dr. Wilhelm Stiegeler errichtet. Architekt war Albert Speer

Villa Douglas

Seeuferweg beim ehem. Dominikanertorkel

aus Mannheim, Vater jenes Albert Speer, der zu den führenden Köpfen des NS-Regimes zählte. Die im Jahre 2008 neu eröffnete **Bodensee-Therme** hat sich architektonisch von den hier vorüberziehenden Schiffen, vor allem den Segelschiffen, inspirieren lassen. Der Westflügel sticht wie ein gewaltiger Schiffsrumpf in den See, über der Badehalle „schwebt" das trapezförmige Dach wie ein liegendes Segel.

Östlich der Therme liegt das ehem. direkt am Wasser stehende **Schloss Seeheim** (Eichhornstr. 86). Das Gelände gehörte seit 1672 dem Deutschen Ritterorden mit Sitz auf der Mainau, der hier einen einfachen Sommersitz mit Reb- und Fischgut hatte. Der Besitz kam 1887 in die Hand des preußischen Finanzministers Adolf von Scholz, der das Anwesen im Sinne des Historismus zu einem schlossähnlichen Bau erweitern ließ. Dessen Sohn, der später wegen seiner braunen Affinitäten höchst umstrittene Dichter Wilhelm von Scholz, bewohnte die Villa bis zu seinem Tode 1967.

Etwas versteckt oberhalb liegt das **Waldhaus Jakob** (Eichhornstr. 84, Hotel und Gasthaus), seit 1823 Ausflugsgaststätte der Konstanzer am Rande des Loretto-Waldes, nach einem Großbrand 1897 neu erbaut. Gegenüber erinnert der **Nikolai-Torkel** an die große Bedeutung des Weinbaus am Konstanzer Seeufer (Eichhornstr. 83, heute Restaurant)

Neben dem **Freibad Horn**, dem bei den Konstanzern äußerst beliebten Seestrandbad „Hörnle", liegt im Wald das **Bodensee-Stadion**, eine der ersten großen Baumaßnahmen des NS-Stadtregimes in Konstanz. Die 1935 als „Bodensee-Kampfbahn" eröffnete Anlage fasste mit 32 000 Besuchern so viele Menschen, wie die Stadt damals Einwohner hatte.

Schloss Seeheim

Allmannsdorf, Loretto-Kapelle

Allmannsdorf, Staad und Egg

Es lohnt sich ein Abstecher auf die Lorettohöhe mit ihrer nur wenigen bekannten **Loretto-Kapelle** in schöner Lage und noch ländlicher Umgebung. Hier, am alten Weg von Konstanz nach Staad, hatten Konstanzer Bürger ein Gelübde eingelöst und 1637 nach Errettung von schwedischer Belagerung eine Kapelle gestiftet. Der auffällig schmale, hohe und fast fensterlose Bau ist ein Abbild der sog. Santa Casa: Das Haus der hl. Familie soll 1291 von Engeln aus Nazareth gerettet und schließlich 1295 an die heutige Stelle in Loreto in Mittelitalien versetzt worden sein. Eine große hölzerne Vorhalle schützt die Wallfahrer vor Regen. Bei der Kapelle ein Bildstock (1587) und ein Brunnen mit Marienfigur.

Im alten Ortskern von Allmannsdorf bilden die auf dem Kirchenhügel gelegene katholische **Pfarrkirche St. Georg**, das Pfarrhaus und das 1904 im Heimatstil errichtete **Rathaus** ein schönes Ensemble. Ein erster Kapellenbau stand hier bereits im 9. Jh. Von einer Erweiterung um 1230 stammt der wehrhafte, weithin sichtbare Kirchturm. Das Langhaus wurde im 18. Jh. barock erneuert, 1963 erfolgte eine weitgehende Modernisierung. An alter Ausstattung sind im Inneren eine spätgotische Sakramentsnische, ein großer Kruzifix (um 1700) und eine Madonna erhalten, an der Innenwand des ehem. Ostchores der Grabstein des letzten Komturs des Deutschen Ordens auf der Mainau.

Von hier ist es nicht weit bis zur Allmannshöhe, von wo sich herrliche Fern- und Rundblicke eröffnen, noch schöner und weiter, wenn man den 1931 als Wasserbehälter und Jugendherberge errichteten **Otto Moericke-Turm** besteigt (meistens geschlossen). Die Jugendherberge wurde 2001 erweitert und zählt schon wegen ihrer Lage zu den schönsten in Deutschland.

In **Egg**, einst ein kleines Fischer-

Allmannsdorf, Rathaus, Pfarrhaus und Kirche

dorf am Seeufer, ist die Josephskapelle (1730) erwähnenswert. Oberhalb von Egg liegt die 1966 gegründete Konstanzer **Universität**. Kunst in der Landschaft (Röhrenplastiken von Friedrich Gräsel im Hockgraben, 1974) sowie im und am Bau sind hier reich vertreten, ein Beispiel ist der Innenhof mit Windrad, Lichterbaum und Kugelbrunnen von Otto Piene. Die Universität bietet Führungen an zu den Themen

Allmannshöhe mit Otto Moericke-Turm

Die Autofähre Staad-Meersburg

Unterhalb von Allmannsdorf am Wasser liegt das einstige Fischerdorf **Staad**, zugleich wegen der kurzen Passage nach Meersburg ein alter Hafen am Bodensee. Die Rechte an Schifffahrt und Hafen hatten die Deutschordensherren auf der Mainau, das jetzige Hotel Schiff diente ihnen als Amtshaus und Tavernwirtschaft.

Überregional bekannt wurde Staad, als hier anno 1928 die erste **Binnensee-Automobilfähre** Europas als „schwimmende Brücke" zwischen Konstanz und Meersburg ihren Dienst aufnahm. Von den frühen Fährebauten ist noch die Mole von 1928 (Hafenbecken am William Graf-Platz) zu sehen. Architektonisch interessant ist die vom Konstanzer Architekten Hermann Blomeier*, einem Schüler von Mies van der Rohe am Bauhaus in Dessau, errichtete **Hafenrandbebauung** von 1953. Sie sollte zum einen den Hafen und den neuen großen Fahrzeug-Aufstellplatz baulich gestalten, zum anderen das alte Fischerdorf gegen die Sphäre des modernen Verkehrs abschirmen. Die aus Kopf- und Langbau bestehende Anlage erinnert mit ihren Einschnürungen und dem bewegten Umriss an ein Insekt. Augenfälligstes Gliederungselement sind die weit überkragenden Flachdächer. Der in den See hinausragende Kopfbau – ein Pendant dazu findet sich auf Meersburger Seite – lässt an die Brücke eines auslaufenden Fährschiffes denken. WT

Die Hafenrandbebauung in Staad

Schloss Mainau, Giebelwappen

Architektur und Kunst am Bau, in die Universitätsbibliothek sowie durch den Botanischen Garten der Universität (www.uni-konstanz.de, Tel. +49 (0)7531 88-0).

Insel Mainau

Trotz deutlich zurückgegangener Besucherzahlen ist die im Besitz einer Stiftung befindliche **Blumeninsel Mainau GmbH** noch immer der größte Tourismusbetrieb und mit über einer Million Gästen pro Jahr auch noch immer *der* Tourismus-Magnet im Bodenseeraum – weshalb man die Insel auch am besten morgens vor zehn oder abends nach fünf aufsuchen sollte, wenn der Strom der Tagesbesucher noch gar nicht eingesetzt bzw. sich bereits wieder verlaufen hat.

Die Mainau ist ein Phänomen: Lange Zeit vor allem als „Blumen-Paradies im Bodensee" vermarktet und wahrgenommen, hat sie sich längst zu einem Großbetrieb der Freizeit-Industrie entwickelt, mit höchst vielseitigen Aktivitäten: Sie ist land- und forstwirtschaftlicher Betrieb, Gärtnerei, Garten- und Blumenmarkt, Gastronomiebetrieb mit sechs Ablegern, Kiosk, Buchhandlung, Geschenke- und Souvenirshop, Freizeit- und Erlebnispark mit einem Schuss „Disneyland", Abenteuerspielplatz und Streichelzoo, Umweltschule und Gartenberatungscenter, Konzertbühne, Tagungszentrum, Ausstellungsort und Kunstraum– und natürlich noch immer jener historische Park und Garten mit Schloss und Schlosskirche als Zentrum, der für viele Besucher das wichtigste Motiv ihres Kommens bildet.

Das 45 ha große Eiland gehörte schon früh zum Kloster Reichenau, Ministeriale des Klosters versahen ihren Dienst auf einer einfachen Burg der Stauferzeit. 1272 gelangte die Insel an den Deutschen Ritterorden und wurde Sitz einer Kommende, die sich bald reichen Grundbesitz auf dem Bodanrück, im Hegau und im Linzgau erwarb. Bis 1600 zur frühneuzeitlichen Festung aus-

Schlosskirche Mainau, Engel von Feuchtmayer

Insel Mainau, Schlossbereich mit Schloss, Schlosskirche und Palmenhaus

gebaut, fiel die Insel dennoch 1647 in schwedische Hand, woran noch das sog. **Schwedenkreuz** erinnert, eine Kreuzigungsgruppe am Beginn der Brücke (1577).

Unter der Regie des berühmten Deutschordensbaumeisters Johann Caspar Bagnato* entstand auf den Grundmauern der alten Burg ein repräsentatives Barockschloss mit zugehöriger Schlosskirche (1732–39). **Schloss Mainau** (1732–58), eine dreigeschossige, auf einen Ehrenhof hin geöffnete Flügelanlage, orientiert sich an französischen Vorbildern. Der Mittelrisalit zeigt im Giebel eine prachtvoll profilierte Wappengruppe: In der Mitte das Schild des Hochmeisters Clemens August von Bayern, umgeben von Waffen und Standarten, links in einer Kartusche das Wappen des Landkomturs, des Grafen von Froberg-Montjoie, rechts das des Komturs Philipp von Baden zu Liel.

Seit 1853 diente das Schloss dem Prinzregenten und späteren badischen Großherzog Friedrich I. und seiner Familie als Sommerresidenz. Wesentliche Teile der Innenausstattung (Mobiliar, Türen, Bilder) stammen aus jener Zeit. Der Weiße Saal, einst Audienzsaal der Landkomture, dann Festsaal (nur bei Konzerten und Veranstaltungen zugänglich), wurde 1883 neu gestaltet. Größter Raum ist die vormalige Sala Terrena im EG des Corps de Logis, die von Friedrich I. zum Wappensaal umgebaut wurde und heute für Wechselausstellungen genutzt wird.

Die **Schlosskirche Maria Himmelfahrt** (1732–39) wurde zum Prototypen der Kirchenbauten Bagnatos, der hier auch begraben liegt. Von Joseph Anton Feuchtmayer*, dem wohl wichtigsten Barockbildhauer im Bodenseeraum, stammen Hochaltar und Seitenaltäre, die Kanzel, die Petrusbüste auf dem Beichtstuhl, der Abschluss des Oratoriums und das Gehäuse der Schwarzen Madonna. Franz Joseph Spiegler* schuf die Deckenbilder (Szenen aus dem Marienleben, darunter Mariä Himmelfahrt) und das Blatt des Hochaltars mit der Darstellung der hl. Familie. An den Wänden einige schöne Epitaphien von Landkomturen, unter der Kirche deren Gruft sowie die Familiengruft der gräflichen Familie Bernadotte.

Am nordwestlichen Zugang zum Schlossplatz steht das vor 1600 erbaute **Torgebäude**, in westlicher Richtung schließt sich ein Teil der ehem. äußeren Mauer an – bis zum runden **Gärtnerturm**, dessen massiver Sockel noch aus der Burgen- und Festungszeit stammt (achteckiger Aufbau mit Helmdach 19. Jh.). Der **Comturey-Turm** an der Nordseite der Insel dürfte auf einen Wohnturm der ersten Burg (1. Hälfte 13. Jh.) zurückgehen. Der runde **Schwedenturm** an der Südwestseite der Insel ist 1558 als Wachtturm entstanden (hölzerner Aufbau mit Helmdach 19. Jh.).

Historisches Herz von Park und Garten sind der italienische **Rosengarten** südlich des Schlosses und das sog. **Arboretum** (Baumpark) mit seltenen, zum Teil exotischen Bäumen, die Großherzog Friedrich I. in den Jahren nach 1860 pflanzen ließ.

Im Mainauwald findet sich auf einer weiten Lichtung ein verfallendes Gebäude – der letzte Rest des kleinen **Frauenklosters St. Kathari-**

Dingelsdorf mit Kirche St. Nikolaus

na, das hier seit dem 13. Jh. bis zur Auflösung 1808 bestand. Bis 1965 wurde hier eines der beliebtesten Ausflugslokale der Konstanzer betrieben, heute bringt die Mainau als Besitzer hier Saisonarbeiter unter – eine Renovierung wäre dringend erforderlich.

Litzelstetten, Dingelsdorf, Dettingen, Wallhausen

Die in den 1970er Jahren eingemeindeten Konstanzer Vororte haben leider nur noch wenig von ihrem bäuerlichen Charakter bewahrt. **Litzelstetten** ist zu einer großen Wohngemeinde geworden. Dasselbe gilt für Dettingen, doch sind dort immerhin noch die vom Deutschen Orden hinterlassenen baulichen Spuren, die 1779 von Franz Anton Bagnato* errichtete **Pfarrkirche St. Verena** und der ebenfalls im Mainauer Barockstil gebaute **Rohnhauser Hof** (an der alten Straße nach Langenrain) erwähnenswert.

Wallhausen, noch in den 1950er Jahren ein beschauliches Bauern- und Fischerdorf, bietet heute ein abschreckendes Beispiel für ausufernden Zweitwohnungsbau und wird von Spöttern gerne als „der einzige Stuttgarter Vorort ohne S-Bahnanschluss" bezeichnet. Lohnend ist hier aber ein Gang auf der Höhe zum sog. **Burghof** (Restaurant und Gartenwirtschaft) mit der danebengelegenen Ruine der Burg Alt-Dettingen – beide sind Teile einer stauferzeitlichen Burganlage (um 1160, zerstört 1642). Der heutige Burghof entstand 1661 als Bau des

Oberdorf, Heiligkreuzkapelle, Altar mit „Arma Christi"

Deutschen Ordens der Kommende Mainau und zeigt einen dekorativen Fachwerkerker sowie im ersten Stock einen Rittersaal mit kassettierter Renaissancedecke.

Einzig **Dingelsdorf** mit seinem schönen Ortskern aus alten Fachwerkhäusern und einstigen Mainauer Verwaltungsbauten verströmt noch ländlichen Charme. In exponierter Aussichtslage und weithin sichtbar die **Pfarrkirche St. Nikolaus**, eine spätgotische, um 1740

Oberdorf, Heiligkreuzkapelle, Deckenbild

barockisierte Saalkirche, die mit Pfarrhaus, Garten und Scheuer ein schönes Ensemble bildet.

In Dingelsdorf-Oberdorf erinnert die **Heiligkreuzkapelle** in Architektur und Farbgebung an die Mainauer Schlosskirche. Wie auf der Mainau war auch hier Johann Caspar Bagnato* der Architekt (1747), das Deckenbild, das die Auffindung des Hl. Kreuzes durch die Kaiserin Helena zeigt, stammt von Giuseppe Appiani*, als Stuckateur war Carlo Pozzi* tätig. Der qualitätvolle Bau und die hochkarätige Ausstattung verweisen darauf, dass der Deutsche Orden hier ein Wallfahrtsziel erster Güte erschaffen wollte – vergleichbar mit der nahen, gleichzeitig erbauten Birnau (1749/50), der berühmten Marienwallfahrt des Klosters Salem.

Wollmatingen

Wollmatingen, am westlichen Rand von Konstanz gelegenen, war bis in die 1970er Jahre sowohl ein altes Bauerndorf wie auch ein durch etliche Textilfabriken geprägtes Industriedorf.

Wollmatingen, Kirche St. Martin, spätgotischer Altarflügel

Von den alten Fabriken ist fast nichts mehr zu sehen, doch die Strukturen des alten Ortskerns sind in einigen markanten Bauten durchaus noch zu erkennen. Die **Pfarrkirche St. Martin** hat einen im Kern romanischen Turm, der 1610 umgebaut wurde und mit seinen 62 Metern zu den höchsten Kirchtürmen von Konstanz zählt. Im Inneren finden wir einen neogotischen Hauptaltar mit schönen **spätgotischen Altarflügeln** mit Passionsdarstellungen (um 1510) sowie ein spätgotisches Vesperbild und eine Kreuzigungsgruppe, dazu Reste von Fresken aus dem späten 15. Jh.

Wollmatingen, Kirche St. Martin

Um die Kirche und die Hauptstraße liegt der alte Dorfkern mit dem ehem. **Pfarrhaus**, dem 1901 in Jugendstilformen erbauten **Rathaus** und dem **Gasthaus Löwen** (Radolfzeller Str. 40). Etwas versteckt nördlich der Kirche der mächtige ehemalige **Lehenshof** des Klosters St. Peter an der Fahr in Konstanz, ein viergeschossiger Bau mit Walmdach (17. Jh., Kennerweg 9). Am Beginn der Kindlebildstraße links schöne **Fachwerkhäuser** (17. Jh., Nr. 5–7a) sowie auf der rechten Seite das alte **Gemeindehaus** (1609, Nr. 8) und um die Ecke ein mächtiges **Fachwerkhaus** aus dem 18. Jh. (Engelsteig 12/14) mit Lagerspeicher und großer Toröffnung für den Aufzug, das von Beginn an von zwei Familien bewohnt und bewirtschaftet wurde. Ein schöner Neorenaissance-Bau ist die Wollmatinger **Volksschule** (1900, Ecke Radolfzeller-/Schwaketenstraße). WT

Wollmatingen, ehem. Lehenshof

Allgemeine Informationen zu Konstanz: Tourist-Information am Bahnhofplatz 13, Postfach 10 21 52, D-78462 Konstanz, Tel. +49 (0)75 31 13 30 30, www.konstanz.de/tourismus

Archäologisches Landesmuseum, Benediktinerplatz 5, D-78467 Konstanz, Tel. +49 (0)75 31 980 40, www.konstanz.alm-bw.de, Öffnungszeiten: Di-So 10-18 Uhr

Insel Mainau GmbH, Insel Mainau, D-78465 Konstanz, Tel. +49 (0)75 31 / 303-0, www.mainau.de, Öffnungszeiten: täglich von Sonnenaufgang bis -untergang

Reichenau

Man mag es kaum glauben, dass die abgelegene, von Feldern und Gewächshäusern überzogene Insel, die die Region mit Salat und Gemüse versorgt, einst ein mit dem Reichsgeschehen eng verwobenes Zentrum geistlicher, kultureller und weltlicher Macht gewesen ist. Doch vor mehr als einem Jahrtausend stand hier eine der in karolingischer, ottonischer und salischer Zeit bedeutendsten und einflussreichsten Abteien in ihrem kulturellen Zenit. Mit ihren drei romanischen Kirchen wurde die Insel daher folgerichtig im Jahr 2000 in den Katalog der UNESCO-Welterbestätten aufgenommen. Dafür wurden 2007 drei neue Informationsgebäude eingerichtet.

Dass die Reichenau vom 8. bis 11. Jh. ein **geistiges Zentrum des Abendlands** darstellen würde, war im Jahr 724, als der vermutlich aus Meaux an der Marne stammende Bischof und Klostergründer Pirmin auf der Reichenau den Grundstein für eine Abtei legte, noch nicht abzusehen. Er erfüllte dabei jedoch nicht nur eine geistliche, sondern auch eine politisch-strategische Mission, wie die Unterstützung durch den lokalen Adel zeigt, der dem Kloster Besitz übereignete und damit dessen Existenz sicherte.

Erst unter Abt Waldo (amt. 786–806) entwickelte sich das Kloster zu einer karolingischen Abtei mit weitreichendem Einfluss. Waldo war ein enger Vertrauter Karls des Großen,

Blick auf die Insel Reichenau von Westen

verwaltete das Bistum Pavia und für einige Zeit auch das Bistum Basel. Er war der erste in einer langen Reihe von Äbten, die dem Kloster während seines „goldenen Zeitalters" im 9. Jh. vorstanden. Sein Nachfolger, Abt Heito I., stand dem kaiserlichen Hof ebenfalls nahe und war mit politischen Aufgaben betraut. Im Auftrag des Kaisers reiste er 811 nach Byzanz, wo er sich mit der byzantinischen Baukunst vertraut machte, die ihm als Vorbild und Anregung für den Neubau der Abteikirche diente. Vor seiner Amtszeit war er Leiter der Klosterschule und sein bedeutendster Schüler war Walahfrid Strabo (808/09–849).

Als 18-Jähriger hatte Strabo die Visionen des Reichenauer Klosterbruders Wetti in Versen gefasst und damit ein Zeugnis des christlichen Weltbilds der damaligen Zeit abgelegt, vergleichbar der Göttlichen Komödie von Dante. Er machte sich als Dichter und Theologe einen Namen und war mit der Erziehung des späteren Karl II. (des Kahlen) betraut, bevor er 842 Abt auf der Reichenau wurde. In den 80er Jahren des 9. Jh. stand die Abtei erneut in der Gunst eines Kaisers: Karl III. hat sich mehrfach auf der Reichenau aufgehalten und wurde dort 888 in der Klosterkirche bestattet. Abt Hatto III. wurde nun Vorsteher der Abtei (amt. 888–913) und politisch einflussreiche Figur am Hof. Als Erzkanzler begleitete er König Arnulf von Kärnten zur Kaiserkrönung (895) nach Rom; nach dessen frühzeitigem Tod wurde er Vormund des minderjährigen Thronfolgers und übernahm die Staatsgeschäfte. Als Reichenauer Abt ist Hatto III. durch den Bau der Georgskirche in Oberzell in die Inselgeschichte eingegangen.

Im 10. und in der ersten Hälfte des 11. Jh. hatte das Kloster auf geis-

Reichenau-Oberzell, St. Georg

tigem und kulturellem Gebiet eine herausragende Stellung inne: in der Wandmalerei wie in der Buchmalerei, die um 1000 ihren weithin ausstrahlenden Höhepunkt erreichte. Der berühmteste Mönch dieser Ära war Hermann der Lahme (1013–54), ein Gelehrter auf den verschiedensten Gebieten der Wissenschaft. Er trat mit Studien über Geometrie, Astronomie und Zeitrechnung hervor, verfasste neben Dichtungen und musiktheoretischen Schriften eine christliche Weltchronik, war Lehrer, Musiker, Uhrmacher, Instrumentenbauer und vieles mehr und galt schon zu Lebzeiten als „Wunder des Jahrhunderts". Nach dieser Blütezeit erfolgte dann im 11. Jh. der allmähliche Niedergang der Abtei, der auch durch Reformen und kurzzeitig prosperierende Phasen nicht mehr aufzuhalten war. Waren einst rund zwei Dutzend Kirchen und Kapellen über die „heilige Insel" verstreut, so künden heute noch drei beeindruckende Kirchen- und mehrere Profanbauten von ihrer einstigen Bedeutung.

Reichenau-Oberzell, St. Georg

St. Georg Oberzell

Haben wir den pappelgesäumten Damm zur Insel und die Brücke mit dem Denkmal des hl. Pirmin überquert, zieht uns auch schon der Anblick der **Kirche St. Georg in Oberzell** magisch an. Diese Kirchenansicht von Südosten bzw. Süden ist in Prospekten, Führern und auf Postkarten vielfach reproduziert und gehört zu den bekanntesten Fotomotiven der Reichenau. Doch ist zu vergegenwärtigen, dass wir hier die Rückseite der Kirche sehen, die über Jahrhunderte so gut wie niemand zu Gesicht bekam.

Denn der Inseldamm wurde erst 1838 aufgeschüttet, vorher war die Reichenau eine echte, nur per Schiff erreichbare Insel. Der Hafen lag beim Kloster in Mittelzell, wo die Boote von Allensbach her anlegten. Die beiden Kirchen in Ober- und in Niederzell lagen also vom Zentrum der Insel, dem Kloster, aus gesehen an den äußersten westlichen und östlichen Enden der Kirche. So erklärt sich, dass etwa die Doppelturmfassade von St. Peter und Paul in Niederzell nicht an der Eingangsseite, sondern an der dem Kloster zugewandten Ostseite liegt.

Und so erschließt sich auch, dass die **Hauptansichtsseite** von St. Georg in Oberzell beileibe nicht das bekannte Fotomotiv, sondern die Westansicht auf die Eingangsseite mit der charakteristischen Vorhalle ist. Von hier aus gesehen wirkt die Kirche auch nicht mehr so eigenartig kastenartig proportioniert,

Reichenau-Oberzell, St. Georg

Reichenau-Oberzell, St. Georg

sondern es türmt sich eindrucksvoll ein mehrfach gestaffelter, in seiner Klarheit und Schlichtheit beeindruckender kubischer Bau vor uns auf, gleich einem „himmlischen Jerusalem“, dem Ideal kirchlicher Architektur um die Jahrtausendwende. Unzweifelhaft zeigt sich St. Georg hier als einzigartiges Zeugnis frühmittelalterlicher Baukunst.

Als Erstes betritt man eine zweigeschossige **Vorhalle** (um 1060–90), die im OG eine **Michaelskapelle** birgt (nur mit Führung zu besichtigen), ausgemalt mit der Darstellung der Wiederkunft des Erlösers beim Jüngsten Gericht. Durch das Hauptportal in der Westapsis (11. Jh.) gelangen wir in eine dreischiffige Säulenbasilika, deren ältester Teil das Langhaus mit seinen weltberühmten Malereien ist, die im 19. Jh. freigelegt und 1982–88 aufwändig restauriert worden sind.

Die Auferweckung des Lazarus

Die berühmten **Wandbilder** entstanden in der 2. Hälfte des 10. Jh. Sie wurden in einer Mischtechnik auf den Putz gemalt, dadurch ist die Malschicht sehr empfindlich, ihre Erhaltung verlangt höchsten denkmalpflegerischen Aufwand. Die Wandmalereien von St. Georg korrespondieren inhaltlich und stilistisch mit Bildern der Reichenauer Buchmalerei um das Jahr 1000, was von den gemeinsamen oberitalienischen Vorlagen aus dem 6. Jh. herrührt. Eingefasst von horizontalen und vertikalen Mäanderbändern verläuft auf den Hochschiffwänden ein **Bilderfries mit den Wundertaten Jesu** – von links nach rechts auf der Nordseite: die Heilung des Besessenen bei Gerasa, die Heilung des Wassersüchtigen, die Beruhigung des Sturms sowie die Heilung des Blindgeborenen; auf der gegenüberliegenden Seite: die Heilung des Aussätzigen, die Auferweckung des Jünglings von Nain, die Auferweckung der Tochter des Jairus und Heilung der an Blutfluss leidenden Frau sowie zum Abschluss die Auferweckung des Lazarus.

Die Szenen weisen Christus als Herr über Leben und Tod, als Herrscher über Naturgewalten und Dä-

Die Beruhigung des Sturms

monen aus. Sie spielen sich jeweils vor einem abstrakten, aus Farbstreifen gebildeten Hintergrund ab, von dem sich vielgestaltige Architekturkulissen und die bildbeherrschende Figur des Christus mit der Gruppe seiner Jünger abheben. Eine zentrale Rolle spielt jeweils der „sprechende" Segensgestus Jesu als dramaturgischer Mittelpunkt des Bildes, der die Nahtstelle zwischen jenseitiger und weltlicher Sphäre darstellt.

Kuhhaut-Metapher (1308)

Über den Kapitellen, in den Zwickeln der Arkaden, sind **Medaillons** mit den Köpfen von (Reichenauer?) Mönchen angebracht und zwischen den in späterer Zeit vergrößerten Fenstern im Obergaden die 12 Apostel in Teilrekonstruktionen des 19. Jh. Auch die Bilder an den Wänden zu Seiten des Triumphbogens sind weitgehend rekonstruiert. An der linken Chorwand eine bildliche Übersetzung der Metapher vom Frauengeschwätz, das auf keine **Kuhhaut** geht (1308).

Der Ostteil der Kirche erfuhr durch den nachträglichen Einbau einer **Krypta** (10. Jh., nur mit Führung zu besichtigen) und die damit verbundene Erhöhung des Chorraums sowie durch den Abbruch des Querhauses und die spätgotische Einwölbung der einstigen Vierung eine starke Veränderung. Die Krypta war zur Verwahrung und Verehrung der wertvollen Reliquien vom Haupt des hl. Märtyrers Georg notwendig geworden, die Abt Hatto III. in Rom anlässlich der Kaiserkrönung von König Arnulf als päpstliches Geschenk erhalten hatte. Es ist anzunehmen, dass er es war, der in seiner Amtszeit von 888 bis 913 die Kirche erbauen ließ.

Münster St. Maria und Markus und ehem. Kloster

Keimzelle und Zentrum des klösterlichen Lebens auf der „heiligen Insel" bildete jedoch das **Kloster Mittelzell mit der ehem. Klosterkirche.** Auch hier hat die wechselvolle Geschichte – vom karolingischen und ottonischen Reichskloster mit ehemaliger Pfalz bis zur fürstbischöflichen Abtei unter Jakob Fugger – ihre baulichen Spuren hinterlassen. Über Jahrhunderte wurde an der Kirche, die uns als scheinbar homogenes Ganzes gegenübertritt, gebaut. Die von Pirmin in Holz errichtete Klosteranlage wurde bald durch Stein ersetzt und im 8. Jh. nochmals umgebaut. Belegt sind eine langgestreckte Saalkirche mit rechteckigem Chor und nördlich angrenzenden Konventsbauten. Abt Heito I. ließ an deren Stelle, inspiriert von byzantinischen Zentralbauten, eine kreuzförmige Basilika errichten, bei der sich um einen zentralen Raumteil das Mittelschiff des Langhauses, ein Querhaus und ein Chor als gleich weite und gleich hohe Raumkörper gruppierten und über dem ein offener Turm mit Fenstern anzunehmen ist. Es handelt sich bei dieser architektonischen Anordnung um das älteste erhaltene Beispiel einer frühen Form der Vierung. Die 816 geweihte Anlage hat sich im heutigen Bau erhalten; die Mittelschiffarkaden und -pfeiler wurden allerdings in staufischer Zeit und 1688 erneuert.

Münster Mittelzell, Westchor mit Markusaltar

Ein Vorbau im Westen wurde in den darauf folgenden Bauphasen jeweils neu und anders gestaltet. Nachdem der hl. Markus sich in einer Vision über die unwürdige Verwahrung seiner Gebeine beklagt haben soll, wurde ein **Westquerhaus** mit Chor und flankierenden Türmen in das Kirchenschiff als eigenständige „Markusbasilika" integriert. Als dessen Erbauer gilt Abt Hatto III., der auch eine nicht mehr vorhandene Rotunde östlich des Chors für die 923 in Klosterbesitz gelangte Heilig-Blut-Reliquie anfügen ließ.

Reichenau-Mittelzell, Münster St. Maria und Markus

Dem heutigen Bau ist das unter Abt Berno (1008–48) erstellte Westquerhaus vorgelagert, das durch zwei doppelgeschossige Vorhallen betreten werden kann, die den durch Lisenen und Rundbogenfriese gegliederten quergestellten Turm flankieren. Unter diesem befindet sich die Westapsis, vor der sich der Markusaltar befindet. Die Fensterempore in ihrem Scheitel diente zum Vorzeigen der Reliquien. Die **Markusbasilika** präsentiert sich im Inneren als eigenständiger Raum mit drei gleichwertigen Raumkuben. Über den Vorhallen liegen hinter Rundbogenöffnungen die Emporen. Alle Bögen in diesem Westwerk sind alternierend in weißen und roten Sandsteinblöcken über roten Pfeilern und Säulen gemauert, was diesem einen festlichen Charakter verleiht.

Die weiteren Umbauten brachten keine wesentlichen Änderungen der von Abt Berno festgelegten Raumkonzeption mehr. Nach einem Brand wurde das **Dachwerk** (1236/37) neu errichtet mit einem offenen Dachstuhl, ähnlich einer im Schiffsbau üblichen Spantenkonstruktion. Ab 1447 wurde der neue **Chor** errichtet, jedoch erst ab 1553 eingewölbt und ausgemalt. Ein schmiedeeisernes Chorgitter (1746) ersetzte später den gotischen Lettner, hinter dem sich der ungewöhnliche, rot gefasste Barockaltar (1739) mit der Heilig-Blut-Reliquie verbirgt. Der

Münster Mittelzell, Westwerk

Die Reichenauer Buchmalerei

Zieht man den in der St. Galler Stiftsbibliothek aufbewahrten, um 829/30 auf der Reichenau gefertigten Klosterplan zu Rate, so war der nördlich des Chors angebrachte Raum die einstige **Bibliothek** des Klosters (heute Schatzkammer). In einem unvollständig erhaltenen Katalog des Schreibers und Bibliothekars Reginbert (Anfang 9. Jh.) sind schon allein 415 Bände verzeichnet. Unterhalb der Bibliothek befand sich die Schreibstube, in der die berühmten **Reichenauer Handschriften** entstanden sind. Rund 40 dieser Codices sind überliefert. Auf der Reichenau sucht man sie allerdings vergebens, was daher rührt, dass nicht für den eigenen Gebrauch, sondern auf Bestellung gearbeitet wurde, dass die Handschriften die Schreibstube nach Fertigstellung verließen.

Kennzeichen der Reichenauer Buchmalerei ist ein sich wiederholender spätantiker Bildtypus, der auch in der Wandmalerei sowie im Kunsthandwerk vorzufinden ist und auf ein oberitalienisches Evangelistar aus der 2. Hälfte des 6. Jh. zurückgeht, das den Mönchen für ihre Bilder als maßgebliches Werk zugrunde lag. Es prägte auch die Darstellungen aus dem Leben Jesu, die neben Initialen, Zierseiten und Evangelistenbildern die Besonderheit der Reichenauer Buchmalerei darstellen. AH

Münster Mittelzell, Ostchor, Sakramentshaus mit Verkündigung an Maria

von Rudolf Stahel* für eine Konstanzer Kirche geschaffene Allerheiligenaltar (1498) kam erst im 16. Jh. ins Reichenauer Münster und dient nun als Hochaltar. Davor das Grab Kaiser Karls III., der hier im Jahr 888 begraben wurde. Links ein spätgotischer Sakramentstabernakel mit den Figuren einer Verkündigung; diese stammen evtl. vom ehem. Lettner (2. Hälfte 15. Jh.).

Sandsteinmadonna

Auf den nachträglich geschlossenen östlichen Langhausarkaden finden sich auf der rechten Seite eine Strahlenkranzmadonna (1471) und andere Reste gotischer **Wandmalerei**, auf der linken das Bild des hl. Christophorus (vor 1300), in einer Nische die Sandsteinfigur der **Muttergottes** (um 1300), Werke aus der Zeit, als der Konstanzer Bischof Heinrich II. von Klingenberg Verwalter der Abtei war (1295–1305) und eine Umstrukturierung des kirchlichen Kultes vornahm. Am Eingang zur Schatzkammer eine **Nische**, einst für den „Krug von der Hochzeit zu Kana", mit der Darstellung der „messianischen Hochzeit" von Jesus und Maria, ebenfalls ein herausragendes Beispiel der Bodenseegotik um 1300.

Zwei **barocke Tafelbilder** in den Seitenschiffen erzählen aus der Geschichte des Klosters. Das eine Bild (1624) zeigt die Ankunft des hl. Pirmin auf der Insel im Jahre 724 und bezieht sich auf den Bericht in der Chronik von Hermann dem Lahmen: „Er vertrieb dort die Schlangen und richtete während seines dreijährigen Aufenthaltes das klösterliche Leben ein." Das andere stellt die Rückführung der Heilig-Blut-Reliquie aus Kloster Günterstal (1738) dar, wohin sie während des 30-jährigen Kriegs ausgelagert worden war. Die beiden Gemälde geben eine Vorstellung von der barocken Anlage des Klosters.

In der **Schatzkammer** sind die Reste des einstigen Münsterschatzes verwahrt. Die zwei ältesten Stücke stammen aus spätantiker Zeit: der sog. „Krug der Hochzeit zu Kana", eine marmorne Hydria (vielleicht 5. Jh.) mit einer vergoldeten Kupfereinfassung (15. Jh.) sowie eine

Münster Mittelzell, Nische für den „Krug von Kana"

Elfenbeinpyxis (5. Jh., überarbeitet im frühen 14. Jh.). Das romanische Kruzifix (um 1120–40) hing zuletzt in der Kirche St. Georg, davor in der Kindlebildkapelle, seine urspr. Herkunft liegt im Dunkeln. Im Mittelpunkt des Kirchenschatzes stehen jedoch die kostbaren Schreine und Reliquiare, die im geistlichen Leben der Insel bis heute eine wichtige Rolle spielen. Dazu zählt der aus Silber gefertigte und vergoldete Markusschrein, ein Meisterwerk der Goldschmiedekunst mit Szenen aus der Jugend und Passion Christi (1303–05). Vor allem aber die Heilig-Blut-Reliquie (9./10. Jh.), ein byzantinisches Kruzifix aus Silber, eingefasst von barockem Metallschild und Schaugefäß. Es handelt sich um eine Doppelreliquie mit blutbeflecktem Seidenläppchen sowie Spänen vom hl. Kreuz (höchster Inselfeiertag mit Prozession am Montag nach dem Dreifaltigkeitssonntag).

Die Markusprozession am 25. April

Klostergebäude, Klosterbezirk

Südlich an die Klosterkirche schließt sich der ehem. **neue Konvent** an, ein zweigeschossiger Dreiflügelbau um einen malerischen Innenhof, der in seinem westlichen Flügel ein rundbogiges Portal über einer Freitreppe und hofseitig zwei Rundtürme aufweist. Fürstbischof Jakob Fugger ließ diese neuen Klosterbauten 1605–10 nach dem Abbruch des alten Klosters an der Nordseite der Kirche erbauen (heute

Rathaus und Pfarramt, im Keller der Reichenauer Winzerverein).

Weiter oben lag die ehem. **neue Klosterbibliothek** (heute Wohnhaus), ebenfalls von Jakob Fugger erbaut (1616). Teile des ehem. Klosters sind im Mauerwerk des Wohnhauses Haitostr. 2 sowie im nördlich an das Westquerhaus der Kirche anschließenden Gebäude erhalten, das ein Wackenmauerwerk mit romanischen Gruppenfenstern aufweist. Zum Kloster gehörte auch das weiter nördlich gelegene Gebäude (Haitostr. 6), das am Fenster im OG die Jahreszahl 1530 aufweist, doch ist der ursprüngliche Charakter durch Anbauten stark beeinträchtigt.

Gegenüber der Klosterkirche das **Haus Uricher** (1470), das ehem.

Mittelzell, Haus Uricher

Gästehaus der Reichenauer Äbte, ein eindrückliches Beispiel spätmittelalterlicher Profanbaukunst. Das Fachwerkhaus über einem Kellersockel mit fünfseitigem, zweigeschossigem Erker gehörte ebenfalls zum Klosterbezirk. Die Bohlenstube im Wohngeschoss weist eine wertvolle Täferdecke mit Schnitzereien und Wandtäferung auf. Am Ende der Bergstraße das sog. **Hohe Haus** (18. Jh., Im Weiler 2), ein zweigeschossiges Fachwerkgebäude über hohem Kellersockel mit doppelarmiger Freitreppe und rundbogigem Türgewände. Weiter entlang der Straße Im Weiler steht die ehem. **Ölmühle** (17. Jh.).

Mittelzell, Blick in den ehem. Klosterhof

Südlich (oberhalb) des Klosterbezirks findet sich das Dorf Mittelzell, dessen Mittelpunkt der sog. **Ergat** bildet, ein dreiseitig umbauter, sehr schöner Dorfplatz mit einer uralten, wohl 800-jährigen Linde in der Mitte. Hier steht auch das **Alte Rathaus**, Sitz des äbtlichen, später fürstbischöflichen Reichenauer Ammanns, heute **Museum** (Ergat 1). Sein massives EG geht bis ins 11. Jh. zurück und hat über dem spätgotischen Portal mit Stabwerk ein romanisches Triforium-Fenster.

Mittelzell, Altes Rathaus, heute Museum

Der Klosterbezirk auf einem Ölbild im Münster Mittelzell (1624)

Reichenau-Mittelzell, Ergat mit Linde

Ebenerdig ein Balkenkeller mit geschnitzten Holzpfeilern. Im Bohlen- und Fachwerk-OG mit alter Täferung befindet sich die ehem. Ratsstube (um 1500). Ende des 19. Jh. wurde das Gebäude verändert.

Weitere denkmalgeschützte Gebäude finden sich fast um den gesamten Platz (Haus zum „Adler“, Gasthaus „Bären“). Auf der Nordseite des Platzes der ehem. **Pfarrhof** (heute Inselhof, Pirminstr. 156) mit schöner Stuckdecke und Abtswappen (1725) im 1. OG. Daneben, wo heute die Straße verläuft, stand die zugehörige Pfarrkirche St. Johann der Reichenauer Bürger, die Anfang des 19. Jh. aufgehoben und 1812 abgebrochen wurde.

St. Peter und Paul Niederzell

Die ehem. **Stiftskirche St. Peter und Paul** an der etwas abgelegenen Spitze der Reichenau in Niederzell wurde im letzten Drittel des 8. Jh. von Egino von Verona errichtet. Der Alemanne war mit der Reichenauer Abtei eng verbunden, weswegen er nach seiner Berufung durch Karl den Großen als Bischof von Verona von dort aus mit oberitalienischen Handwerkern den Bau der Kirche unternahm. Nach seinem Tod ist er dort bestattet worden, sein Grab befindet sich im heutigen Chor. Den **Gründungsbau** Eginos (Weihe 799) bildete eine Saalkirche mit Apsis im Osten, einer Vorhalle im Westen, einem Innenhof im Norden und weiteren Gebäude im Süden. Das Kirchenschiff war in italienisch-byzantinischer Maltradition ausgestaltet und enthielt außerdem zahlreiche Skulpturen von lombardischen Bildhauern. Eine Platte aus Rorschacher Sandstein hat sich gut erhalten, sie ist im nördlichen Seitenschiff ausgestellt. Ein Kuriosum bildet die wieder aufgefundene Abdeckplatte des urspr. Altars, in die fast vierhundert Namen eingeritzt und eingeschrieben sind, damit der verzeichneten Personen im Gebet gedacht werden konnte.

Nach zwei Bränden wurde ab etwa 1080 ein Kirchenneubau in Angriff genommen (Weihe 1104). Es entstand eine dreischiffige romanische Säulenbasilika mit einem dreiteiligen Apsiden-Chor. Charakteristisch ist die Doppelturmfassade an der nach Mittelzell zeigenden Ostseite, wofür die drei Chor-Apsiden rechtwinklig ummantelt werden mussten (Türme im 15. Jh. aufgestockt). Die wieder freigelegte romanische **Wandmalerei in der Hauptapsis** (um 1104–26) zeigen

Reichenau-Niederzell, St. Peter und Paul

in der Kalotte eine Majestas Domini: Christus in einer Mandorla als Weltenrichter der Apokalypse über dem Regenbogen und dem Erdkreis, umgeben von den vier Evangelistensymbolen und den Kirchenpatronen Petrus und Paulus. In den Ecken je ein sechsflügeliger Engel über geflügeltem Rad. In der zweizonig gestalteten Apsiskonche sitzen auf Thronbänken die 12 Apostel, darunter stehen 12 Propheten. So ergibt sich

Reichenau-Niederzell, St. Peter und Paul, Chorbogenkruzifix

eine Abfolge der drei Zeitalter des Alten Bundes (Propheten), des Neuen Testaments (Apostel) und der erwarteten Wiederkunft Christi am Ende der Zeit (Majestas Domini).

In der Zeit des Rokoko (um 1750/60) bekam die Kirche ein neues Gesicht: Man vergrößerte die Fenster und ersetzte die bemalte Holzdecke durch ein flaches Stuckgewölbe mit Stichkappen; außerdem wurde eine Orgelempore eingezogen. Diese **Rokoko-Ausstattung** ist durchaus qualitätvoll, und es ist deshalb hoch anzurechnen, dass man hier nicht – wie etwa im Münster Mittelzell, in Schienen oder in Stein am Rhein – eine neuere Ausstattung zerstört hat, um einen mutmaßlichen älteren „Originalzustand" herzustellen, der so sicher nie bestand. Es ist durchaus gewöhnungsbedürftig, romanische Wandmalereien und Säulen neben barocken Stuckaturen und Deckenbildern zu sehen, doch fanden die Denkmalpfleger hier einen guten Kompromiss, der nicht die wechselvolle Geschichte der Kirche verleugnet.

Im nördlichen Seitenschiff finden sich Wandmalereifragmente (um 1300 und später), die kaum noch zu entziffern sind. Die Vorhalle zeigt einen nur schlecht erhaltenen Zyklus aus der Leidensgeschichte Jesu (um 1500). Zur barocken Ausstattung der Kirche gehören ein Triumphkreuz (um 1620/50) im Chorbogen und ein silbernes Vortragekreuz. Die schöne **Pietà** (Ende 17. Jh.) auf dem südlichen Seitenaltar stammt vermutlich von Christoph Daniel Schenck*.

Neben der Turmfassade steht das **Pfarrhaus** (um 1732), ein stattlicher Walmdachbau mit Wappen des Fürstbischofs Johann Franz Schenck von Stauffenberg. Seitlich vom Eingang der ehem. **Torkel**, im 19. Jh. zur Kapelle umgebaut und seit 2007 das Informationsgebäude zu Niederzell. Am Ufergelände sehen wir **Schloss Windeck**, genannt Bürgle, ein herrschaftlicher Wohnsitz und klösterliches Gästehaus. Das erste Gebäude (um 1400) bestand aus einem massiven EG mit

Reichenau-Niederzell, St. Peter und Paul

einem Fachwerkaufbau. Vor 1627/30 wurde es zum heutigen dreigeschossigen Renaissanceschloss mit Umfassungsmauer umgebaut. Es hat einen mächtigen Staffelgiebel und ostseitig einen Rundturm mit Helmdach. Horizontale Schmuckbänder gliedern die Geschosse. Die Flachdachbauten an den Giebelseiten stammen aus jüngerer Zeit und nehmen dem Gebäude leider seine architektonische Prägnanz (heute Tagungshaus der EnBW, nicht zu besichtigen).

Niederzell, St. Peter und Paul, Osttürme

Nachdem die Insel nun nordseitig durchmessen ist, treten wir den Rückweg über den westlichen und südlichen Teil an. Am **Campingplatz** Sandseele am Westende der Insel lässt sich der Blick auf die Höri und den Zeller See genießen, von der **Schiffsanlegestelle** an der Inselsüdseite blickt man hinüber zum Schweizer Unterseeufer, nach Ermatingen, Salenstein mit Arenenberg und Berlingen.

Oberhalb der Anlegestelle liegt etwas versteckt **Schloss Königsegg** (Schlossstr. 1, heute Schule für Logopädie und Physiotherapie), errichtet um 1600 von ehem. Reichsministerialen und späteren Reichsgrafen von Königsegg an Stelle

Niederzell, St. Peter und Paul, romanische Chorapsis

eines vom Kloster gegründeten Vorgängerbaus. Die Anlage besteht aus Hauptgebäude, Schlosspark, Gästehaus und Gesindehaus. Die vier Ecktürme bestimmen das Erscheinungsbild des dreigeschossigen Schlossbaus, der eine mit Plattform und Zinnenkranz, die anderen mit ziegelgedeckten Helmdächern. An der Südseite ein Erkervorbau über dem Rundbogeneingang. Von der Eingangshalle (durch Umgestaltungen stark beeinträchtigt) mit Balkendecke und Pfeiler gelangt man in den sog. Rittersaal.

Sehr lohnenswert ist ein Abstecher auf die **Hochwart**, die höchste Erhebung auf der Insel. Obenauf ein

Burgruine Schopfeln am Inseldamm

weithin sichtbarer, quadratischer Bau mit Mitteltürmchen (Ende 18. Jh.), der über den Weinbergen thront. Die Hochwart bietet einen sensationellen Rundblick über den gesamten Untersee, der die Einbettung der klösterlichen Insel in eine reich ausgestattete Natur- und Kulturlandschaft sichtbar macht.

Burgruine Schopfeln und das Festland

Am Straßendamm zwischen Festland und Insel (1838) steht auf

Niederzell, Schloss Windeck

einer Vorinsel der massige Quader der **Burgruine Schopfeln**. Die um 1240 erbaute Wasserburg mit Wohnturm, Nebengebäuden und Umwehrung diente nach Abbruch der ottonischen Pfalz und bis zum Neubau der Pfalz 1312 als sichere Residenz und Fluchtburg des Reichenauer Abtes. 1365 wurde die Burg während der „Fischer-Fehde“ durch Konstanzer Bürger zerstört und nicht wieder aufgebaut (heute Aussichtspunkt mit Blick auf das Naturschutzgebiet Wollmatinger Ried und auf den Untersee).

Wo der Inseldamm auf das Festland trifft, steht die kleine **Kindlebildkapelle**, die dem Besucher mit den beiden hl. Drachentötern Georg und Michael Schutz vor allem Bösen

Altar der Kindlebildkapelle

Zentrum für Psychiatrie Reichenau

bieten soll. Es handelt sich um eine zweijochige Wegkapelle mit hübschem Sandsteinaltar (dat. 1644), die ihren Namen daher hat, dass an dieser Stelle im Mittelalter ungetaufte Kinder bestattet wurden.

Zur Gemeinde Reichenau gehören auch Siedlungsteile auf dem Festland. Neben den Wohngebieten Lindenbühl (beim Bahnhof) und Waldsiedlung ist hier das **Zentrum für Psychiatrie Reichenau** zu nennen, 1913 als moderne „Heil- und Pflegeanstalt" für Geisteskranke eröffnet. Auf einem weitläufigen von geschwungenen Straßen durchzogenen Areal stehen Dutzende großer Klinikgebäude, die durch eine einheitliche Architektur ein Gesamtensemble bilden (heute an mehreren Stellen durch moderne Neubauten gestört). Nach der Ermordung der Bewohner im Rahmen der nationalsozialistischen Euthanasie-Aktion diente die Anlage zwischenzeitlich 1941–45 als Schule zur Ausbildung von NS-Eliten (sog. Napola). AH

Gemeindeverwaltung Reichenau (Rathaus): Münsterplatz 2, D-78479 Reichenau, Tel. +49 (0) 75 34 801-0, www.reichenau.de

Tourist-Information: Pirminstraße 145, D-78479 Reichenau, Tel. +49 (0) 75 34 92 07-0, www.reichenau-tourismus.de, Öffnungszeiten: Mai-September Mo-Fr 9-18, Sa 10-14 Uhr, April und Oktober Mo-Fr 9-12.30, 13.30-17 Uhr, November-März Mo-Fr 9-12.30, 13.30-16 Uhr

Münster Mittelzell, Schatzkammer: Eingang über den Chor des Münsters, Öffnungszeiten April-Oktober Mo-Sa 11-12, 15-16 Uhr

Museum Reichenau: Ergat 1 und 3, D-78479 Reichenau-Mittelzell, Tel. +49 (0) 75 34 99 93 21, www.reichenau.de, Öffnungszeiten: April-Oktober Di-So 10.30-16.30 Uhr, Juli/August bis 17.30 Uhr, November-März Sa-So/Feiertage 14-17 Uhr

Informationsgebäude bei St. Georg in Oberzell (am Parkplatz) und St. Peter und Paul in Niederzell (neben der Kirche), Adresse, Telefon, Öffnungszeiten wie Museum Reichenau

Kreuzlingen mit ehem. Kloster vor Bergkulisse mit Säntis

Kreuzlingen

„Kreuzlingen – erste Stadt der Schweiz“. Mit diesem selbstbewussten Slogan will sich die größte Schweizer Stadt am Bodensee den Besuchern vorstellen. Kreuzlingen ist eine junge Stadt. Erst 1947 hat sie die Marke von 10 000 Einwohnern erreicht, heute sind es um die 18 000. Zusammen mit Konstanz spricht man auch gerne von der sechstgrößten „Schweizerstadt“. Im Gegensatz zu Konstanz mit seiner dicht bebauten Altstadt ist in Kreuzlingen ein Zentrum schwer auszumachen. Das Zusammenwachsen der drei Gemeinden, aus denen sich Kreuzlingen zusammensetzt, hält immer noch an.

Der Name

Ihren Namen hat die Stadt von einem **Augustinerstift**, das Bischof Ulrich I. von Konstanz 1125 unmittelbar vor den Toren der mächtigen Bischofsstadt gegründet hatte und das nach einer gestifteten Reliquie vom „wahren Kreuz Jesu“ den Namen „crucelin“ erhielt. Das Kloster stand ursprünglich unmittelbar vor

Die drei Dörfer

Die Stadt Kreuzlingen hat ihre Wurzeln in drei Dörfern, die am Fuße des Seerückens um die Einschnitte von Bachtobeln entstanden. 830 wurde Rihinbah (Kurzrickenbach) erstmals urkundlich erwähnt, 1125 folgte Eigolteshoven (Egelshofen), 1159 Eminshoven (Emmishofen). Erst 1927/29 schlossen sich die drei Gemeinden Kreuzlingen (Egelshofen), Kurzrickenbach und Emmishofen unter dem Namen Kreuzlingen zusammen.

Unterdessen sind die Weiden und Rebberge zwischen den alten Dorfkernen mit Wohnquartieren, Industrie- und Gewerbebetrieben überbaut. Dennoch bereitet die Schaffung eines gemeinsamen Zentrums Städteplanern und Behörden bis heute einiges Kopfzerbrechen. Die alte Struktur der drei Dörfer hat sich im Ortsbild erhalten. **Emmishofen** wird zwar von ehem. Landsitzen umrahmt, ist aber im Kern stark industrialisiert, in **Egelshofen** dominieren die Gewerbebauten, **Kurzrickenbach** hat im Kern noch am ehesten seinen ehem. ländlichen Charakter bewahrt.

den Toren der Stadt (Gedenkstein an der Kreuzlinger Hauptstraße beim Kreuzlinger Zoll), doch wurde es 1633 im Nachgang zur schwedischen Belagerung von Konstanz gänzlich geschleift. Der Wiederaufbau 1650 erfolgte nicht mehr am alten Standort, sondern etwa einen Kilometer südöstlich, wo die Gebäude heute noch stehen. Seit der Säkularisierung 1848 befindet sich das thurgauische Lehrerseminar (jetzt Pädagogische Maturitätsschule) in den Klostergebäuden.

Klosterkirche und Kloster Kreuzlingen

Klosterkirche Kreuzlingen, Altardetail

Kloster und Klosterkirche Kreuzlingen

Die barocke Klosteranlage des ehem. Augustiner-Chorherrenstifts entstand ab 1650. Nach einem Brand des Gesamtkomplexes in der Nacht 19./20. Juli 1963 wurde die Anlage grundlegend rekonstruiert und wieder aufgebaut.

Die ehem. **Klosterkirche St. Ulrich und Afra** wurde im 18. Jh. in einem formenreichen und farbenfrohen Rokokostil ausgestaltet. Das Innere zeigt eine Vielfalt an kunsthistorischen Meisterwerken. Stuckierte Pilaster gliedern die Kirchenwände. Ihren Gebälken entspringt ein meisterhaft geformtes Rocaillenwerk, das die Kartuschen und die Hauptspiegel des Chores und des Deckengewölbes umspielt. Besonders üppig bietet es sich über den Bogenscheiteln zur Kapelle und zum Chor dar.

Das von dem Konstanzer Kunstschlosser Jakob Hofner geschaffene **Chorgitter** (1737) lenkt das Auge durch raffinierte Scheinperspektiven in die Tiefen des Chorraums. Der 1963 zerstörte Hochaltar wurde nach Vorlagen von 1705 rekonstruiert. Die Nischen der Fensterumrahmung fassen die überlebensgroßen Statuen der Kirchenpatrone St. Ulrich und St. Afra, die in der Tradition des Bildhauers Hans Christoph Schenck* entstanden sind. Das Priester- und Chorgestühl samt Abts- und Priorsitzen sind Werke der Klosterschreinerei (bald nach 1765). Die illusionistisch den Raum weitenden **Deckengemälde** von Franz Ludwig Herrmann* zeigen Szenen aus dem Ordensleben des hl. Augustinus.

Eine kunsthistorische Besonderheit ist die **Ölbergkapelle** mit Gnadenkreuz und Kalvarienberg. Die ca. 250 originalen Holzstatuetten des Kalvarienbergs entstanden zwischen 1720 und 1730 in einer Tiroler Werkstatt. Die kleinen Figuren bilden Stationen der Leidensgeschichte Jesu Christi und durchwandern dabei ein Labyrinth aus Landschaften und Architekturen.

Klosterkirche Kreuzlingen, Chorgitter

Klosterkirche Kreuzlingen, Deckenbild

Inmitten der Anlage erhebt sich das Gnadenkreuz mit einem sog. Echthaar-Kruzifix (spätes 14. Jh.), das alle Brandkatastrophen (1499, 1633, 1963) überstand. Das Deckenbild zeigt Moses mit der ehernen Schlange und stammt ebenfalls von Franz Ludwig Herrmann*.

In der oberen Sakristei ist das **Hausmuseum** mit Klostergeschichte, Bildergalerie und Branddokumentation untergebracht (Für einen Besuch ist der Mesner zu kontaktieren, Tel. +41 (0)71 688 20 69).

Die von Robert Lienhard geschaffene Bronzeplastik „Leuchtfeuer" (1968) weist den Weg von der Kirche zum Westportal des ehem. **Konventsgebäudes** – dort das Bronzerelief „Galaxis" (1966) desselben Künstlers.

Im Inneren, gleich dem Bronzeportal gegenüber, befindet sich das Mosaik „Stilleben" (1936) des Diessenhofer Malers und Mosaizisten Carl Rösch (1884–1979).

In den drei dreigeschossigen, an die Kirche anschließenden Flügeln des ehem. **Konventsgebäudes** sind heute Teile der Pädagogischen Maturitätsschule (PMS) untergebracht. Im EG des Ostflügels dient das alte Refektorium mit der schönen Rokokostuckdecke heute den Studie-

Figurengruppe aus der Ölbergkapelle

renden als Esssaal, er wird aber auch als Musiksaal sehr geschätzt. Die al fresco gemalten Heiligenportraits sind teils Originale (Außenseite), teils Kopien (Gangseite).

Kloster Kreuzlingen, Konventsbau

Vom Eingang des Südflügels führt eine Balustertreppe mit doppelläufigem Ansatz in die beiden Längsgänge der ehem. Prälatur. Das Treppenhaus ist mit Rokokostuck verziert, ebenso die dekorativen Portalarchitektur um die geschnitzten Flügeltüren der Schmalseiten. Allegorien auf Künste und Wissenschaften, Ordensheilige, Abt- und Wohltäterportraits und religiöse Szenen in den Supraporten ergeben einen harmonischen Eindruck.

Ein Aufenthalt im schönen **Innenhof** mit dem achteckigen Hofbrunnen und der Bronze-Doppelplastik „Der Flötenspieler" (1954) von Henri König (1896–1983) rundet den Besuch der ehem. Klosteranlage ab.

Pädagogische Hochschule, Consoni-Bau

Zwischen Haupt-, Pestalozzi- und Hafenstraße ist in den letzten Jahren ein regelrechter **Bildungscampus** entstanden. Hervorzuheben sind die bis 2008 als Neubauten bezeichneten Gebäude der Architekten Esther und Walter Guyer nordöstlich der ehem. Klosteranlage. Die Guyer-Bauten sind für die neugeschaffene Pädagogische Hochschule Thurgau ergänzt und erweitert worden durch zwei Gebäude des renommierten Architekten und Städteplaners Beat Consoni, die durch Offenheit und klare Linien bestechen.

Seeburgpark

Im öffentlich zugänglichen Seeburgpark mit seinem einmaligen alten Baumbestand steht wie ein kleines Märchenschloss am Seeufer die sog. **Seeburg** (Seeweg 5). Der mit Türmchen und Staffelgiebeln versehene Spätrenaissancebau (1598) diente den Äbten als Sommersitz und wurde 1664 nach der Brandschatzung durch die Schweden vom Kloster Kreuzlingen wieder aufgebaut. 1833–1850 nutzte der Kanton Thurgau das Schlösschen als erstes Lehrerseminar, in den 1870er Jahren wurde es in neogotischen Formen umgestaltet (heute Restaurant-Café und von der Universität Konstanz genutzt). Vor der Seeburg steht eine Bronzeplastik der Kreuzlinger Bildhauerin Friedel Grieder (1890–1980).

Ein paar Schritte weiter ostwärts steht ein weiteres Staffelgiebelhaus, die ehem. klösterliche **Kornschütte** (Seeweg 3, Jahreszahl 1717 im

Kreuzlingen, Seeburg

Dachstuhl). Die Kornschütte wurde auf private Initiative zum **Seemuseum** aus- und umgebaut. Hier werden Gegenstände und Dokumentationen zur Schifffahrt, Fischerei und Bodensee-Landschaftsmalerei gezeigt.

Kurzrickenbach

Im alten Dorfkern von **Kurzrickenbach** musste so manches Gebäude dem wachsenden Verkehr weichen. Eine markante Riegelhauspartie (Romanshorner Str. 84) und verschiedene ältere Häuser lassen noch etwas vom ländlichen Kurzrickenbach erahnen.

Durch einen markanten Tobel fließt der „Chogebach". Kurzrickenbach war über Jahrhunderte bis in die Mitte des 19. Jh. der wichtigste Wasserlieferant von Konstanz. Das Wasser wurde durch in die Erde versenkte Holzleitungen (Teucheln) in die nahe Stadt geführt. Bruchstücke von Teucheln werden bei Bauarbeiten gelegentlich noch ausgegraben.

In Kurzrickenbach befanden sich auch von der Stadt Konstanz betriebene **Bleichen** für deren Leinwandproduktion. Darauf beziehen sich noch Flurnamen wie: Bleichwiesen, Bleichi, obere oder äußere Bleiche (heute Restaurant Seegarten, Prome-

Kurzrickenbach

nadenstr. 40). Das **Haus zur Bleichi** (Bleichestr. 9) ist ein Riegelbau aus dem 18. Jh., im Innern ist die bemalte Balkendecke erwähnenswert. Das Haus dient der reformierten Kirchgemeinde als Gemeindehaus.

Die **ev. Kirche Kurzrickenbach** wird bereits 1158 als Kapelle St. Peter genannt. An den Außenwänden gibt es noch sichtbare Teile der spätromanischen Zeit. Die Kirche Kurzrickenbach ist somit die älteste Kirche im Stadtgebiet von Kreuzlingen. Im 17. Jh. wurde sie erweitert, anlässlich einer Renovierung 1966 erfuhr der Turm eine völlige Neugestaltung. Im schlicht gehaltenen Innenraum befindet sich ein Taufstein von 1593 mit Deckel von 1673. Eine Besonderheit ist die mit Grisaillen bemalte Kanzel (1698) von Abraham Stauder. 1966 gestaltete Gian Casty zwei Evangelistenfenster.

Kurzrickenbach, ev. Kirche

Strellson-Verwaltungsbau

Nachdem im bäuerlich geprägten Kurzrickenbach bis ins 20. Jh. Acker-, Obst- und Rebbau dominierten, erfährt es seit der Zusammenlegung mit Kreuzlingen eine starke wirtschaftliche Entwicklung. Einkaufszentren profitieren von der guten Erreichbarkeit. Der markante Rundbau der weltbekannten Firma **Strellson**, von einheimischen Architekten gestaltet, steht für die Ansiedlung von Industrie (Sonnenwiesenstr. 21). An den Hanglagen mit Seesicht ist die private Bautätigkeit ungebrochen. Von den Dorfgasthöfen sei der **Besmer** (Besmerstr. 49) erwähnt. Der heutige Bau wurde um 1850 neben dem „alten Besmer" errichtet. Das Haus steht in schönster Aussichtslage hoch über dem ehem. Dorf Kurzrickenbach.

Die auf gleicher Höhe weiter westwärts gelegene **Römerburg** (Burgstr. 8), ursprünglich Remsperg, später Remisberg, hat den heutigen Namen erst um 1900 erhalten. Das Schlösschen mit seinen Treppengiebeln und vier behelmten Erkern hieß seiner schönen Aussicht wegen anfangs des 19. Jh. Bellevue. Zu dieser Zeit eröffneten und betrieben die beiden deutschen Emigranten Dr. August Wirth und Dr. Ignaz Vanotti mit anderen in diesem Haus die Buchdruckerei „Belle-Vue", die vorwiegend politische Schriften mit liberalem Gedankengut veröffentlichte. 1843 wurde der Betrieb an die Kreuzlinger Hauptstraße verlegt. Die Römerburg und der parkartige Garten mussten in den letzten Jahren etliche Geschmacksverirrungen über sich ergehen lassen (Privatbesitz).

Römerburg

Egelshofen

Die Muttergemeinde von Kreuzlingen ist **Egelshofen**. Egelshofen bestand aus der großen (äußeren) und der kleinen (inneren) Gemeinde. Zur äußeren Gemeinde gehörten die umliegenden Höfe Alp, Remsperg, Wöschbach, Hörnli am See, die Häuser beim neuen Kloster Kreuzlinen und der Schoder an der Löwenstraße.

Die **ev. Kirche Kreuzlingen-Egelshofen** wurde von den beiden ev. Gemeinden Emmishofen und Egelshofen 1724 erbaut – ursprünglichen mit einem Kuppeltürmchen. Die Jahreszahl findet sich über dem ehem. Portal an der Südseite (Bärenstraße). Die Kirche wurde 1898 erweitert und in neogotischen Formen stark verändert, eine weitere Modernisierung erfolgte 1969. Im Innern sind die Kanzel und der Taufstein als Bestandteile der ursprünglichen Kirche von 1724 erhalten. Die wertvollen Stifterscheiben aus dem Jahre 1724 wurden bei der Renovierung von 1969 sehr hübsch in die Chorfenster eingefügt.

An der Südseite der Kirche liegt der Gedenkstein für den Botaniker und Mediziner August Gremli (1833–1899), dessen Elternhaus ganz in der Nähe steht (Alpstr. 7). An einen anderen Naturforscher erinnert ein Brunnen am Sonnenplatz: Dr. Emil Bächler, der Erforscher der von Steinzeitmenschen bewohnten Wildkirchlihöhle.

Egelshofen, Rosenegg

Gegenüber der Kirche befindet sich eines der schönsten Häuser Kreuzlingens: die unter Bundesdenkmalschutz stehende **Rosenegg** (Bärenstr. 6). Die dreiteilige Anlage steht im Zentrum der früheren Gemeinde Egelshofen. Die Rosenegg war ursprünglich im Besitz

Gemeindehaus und Gemeindeplatz Egelshofen

anderem die Ausstellung „Persönlichkeiten“ zu sehen. Im Hauptgebäude von 1784, der Villa Rosenegg, verlebte die Malerin Helen Dahm (1878–1968) ihre ersten Jahre.

Nach einer langjährigen Nutzung als Schulhaus ist die Villa Rosenegg 2006 zum Museum aus- und

der Weinbauern- und Weinhändlerfamilie Bächler, deren Wappen über dem Hauptportal angebracht ist.

Der Altbau geht auf das Jahr 1685 zurück. Im ersten Stock hat das heutige **Museum Rosenegg** seinen Anfang genommen. In sieben Räumen wird ländliche Wohnkultur des 18. und 19. Jh. gezeigt, mit ein paar Seitenblicken auf die Stadtgeschichte. Im Zwischenbau von 1750 ist unter

umgebaut worden. Neben den Dauer- und Sonderausstellungen sind auch die Räume selbst, zum Teil mit Stuckaturen und Wandmalereien, sehenswert. Die Stuckaturen im Saal im 1. OG zeigen die damals bekannten vier Erdteile. Auf den Mittelpodesten sind die vier Elemente dargestellt.

Ein lauschiger Platz westlich der Rosenegg ist das Zentrum des

ehem. **Dorfes Egelshofen** (Mühleschwankweg, Zugang zwischen den Häusern Alpstr. 4 und 6). Die prächtige Linde mit der Rundsitzbank bietet eine schöne Rückzugmöglichkeit mitten in der Stadt. Das

Egelshofen, Traube

ehem. **Gemeindehaus** (1733, heute Jugendmusikschule) schließt den Platz nach Westen ab.

Die **Traube Egelshofen** (Rosgartenstr. 8) stammt aus dem 16. oder frühen 17. Jh. und war vermutlich Gerichtshaus der Vogtei Eggen. Beachtenswert sind der Treppengiebel im Westen und das breite Rundbogenfenster. Der östliche Hausteil mit den beiden markanten Erkern und den ausladenden Eckpfeilern wurde vermutlich 1724 angebaut (heute privates Wohnhaus und Restaurant).

Die Kreuzlinger Hauptstraße

Das **Sallmannsche Haus** (Hauptstr. 74) im Zentrum zwischen Löwen- und Bärenplatz fällt mit seinem übereck gestellten Aussichtstürmchen auf. Der elegante dreigeschossige Bau im Stil Louis XVI. ist ein Wahrzeichen im Stadtbild. Über verwandtschaftliche Beziehungen kam das Gebäude von der Erbauerfamilie an die Familie Sallmann und ist jetzt im Besitz der Stadt Kreuzlingen, welche verschiedene Ämter darin untergebracht hat. Das repräsentative, mit Vasen bekrönte Gartenportal ist das Werk des Konstanzer Bildhauers Lukas Ahorn dem Jüngeren.

Gegenüber, im Dreispitzpärkchen, steht der „Jüngling“ (1933), eine Bronzeplastik des Bildhauers Henri König (1896–1983). Ein paar Schritte hinter dem eher bescheidenen **Stadthaus** (Hauptstraße 62) ist ein Werk des bekannten zeitgenössischen Künstlers Roman Signer (*1938) zu entdecken: das „Wasserobjekt“ (1995).

Die Gegend um Kreuzlingen ist reich an Findlingen, die vom Rheingletscher auf der Sandmoräne abgelagert wurden. Man könnte sich durchaus auf einen Findlingsspaziergang begeben und würde dabei durch sämtliche Quartiere der Stadt kommen. Der sog. **Große Stein** an der Hauptstraße (bei Nr. 39) steht

Der Große Stein

Sallmannsches Haus

Villa Bellevue und Villa Roberta

nicht mehr am ursprünglichen Ort, sondern musste wegen des wachsenden Verkehrs mehrfach versetzt werden. Seiner Inschrift zufolge war der Stein „Grenzmarke der Vogty / Uff den Eggen / Richtstätte der 9 Knechte des / Mangold von Brandis 1368 / Rednerstuhl des Stiftsdekan / Tschudy im Kampf für den alten Glauben 1528".

Mitte der 1950er Jahre wurde die Kreuzlinger Hauptstraße den Anforderungen des wachsenden Verkehrs angepasst. Inzwischen hat sich die Überzeugung der Umweltbewegung bewahrheitet: „Wer Straßen sät, wird Verkehr ernten." Aktuell werden Pläne für eine verkehrsberuhigte Hauptstraße diskutiert.

Eine der bedeutendsten poli-

Kreuzlingen - Grenzstadt und „Tor zur Schweiz"

Nach der Eroberung durch die Eidgenossen 1460 wurde der Thurgau zum Grenzraum mit eigenen politischen Strukturen. Der Wiener Kongress von 1815 brachte eine Neuordnung für Europa, die der **Landesgrenze** eine neue Bedeutung gab. 1818 entstand in Kreuzlingen das erste Wach- und Zollhaus. Der kleine klösterliche Marktflecken entwickelte sich zum Zoll- und Handelsplatz.

Die Schließung der Grenze mit Beginn des Ersten Weltkriegs führte für Kreuzlingen und Emmishofen zu einer zunehmenden Unabhängig-

tischen Druckereien in der Schweiz war die Verlagsanstalt „Belle-Vue", die vom ursprünglichen Haus (heute Römerburg, siehe dort) in einen 1843 errichteten Neubau, die **Villa Bellevue** (Hauptstr. 14), verlegt wurde. 1857 gründete in der Villa Bellvue der Arzt Ludwig Binswanger (1820–80) ein Sanatorium zur Behandlung von Nerven- und Gemütserkrankungen. Der ursprünglich zweigeschossige Biedermeierbau wurde dafür aufgestockt und Ende des 19. Jh. um einen Neubau, die **Villa Roberta** (Hauptstr. 16), ergänzt.

Das weithin bekannte **Sanatorium Binswanger** wurde von Sohn und Enkel des Gründers weitergeführt und um zahlreiche Bauten im Park erweitert. Nach der Schließung des Sanatoriums 1980 und anschließender Umnutzung sind nur noch die beiden durch einen verglasten Verbindungsgang verbundenen Villen Bellevue und Roberta an der unteren Hauptstraße übrig geblieben.

Emmishofen

Im Mittelalter gehörte das Dorf dem Bischof von Konstanz. Bis ins 19. Jh. war **Emmishofen** fast

keit von „der Stadt" Konstanz, aber auch zu wirtschaftlichen Einbußen. Dennoch blieben die engen Beziehungen und vielen familiären Verflechtungen bestehen. Die erneute **Grenzschließung** im Zweiten Weltkrieg bedeutete für den Alltag der Kreuzlinger und Konstanzer einen noch schärferen Einschnitt. Kontakte zu Verwandten und Freunden waren jahrelang nicht möglich. Ein Grenzzaun mit Stacheldraht trennte Kreuzlingen und Konstanz.

Die Grenzschließung während der Kriege und die aggressive deutsche Politik während der NS-Zeit führten langfristig zu einer **Entfremdung** zwischen den Menschen. Nach dem Krieg überwog das Misstrauen – gegenüber Deutschland, aber auch gegenüber „der Stadt" mit ihren Verlockungen, dem Vergnügungsviertel und dem Spielcasino. Die Lage an der Grenze war vorübergehend Standortnachteil, aber nicht lange. Der unmittelbaren Nachkriegszeit folgte 1960–75 eine Hochkonjunktur, die das Ortsbild von Kreuzlingen wesentlich veränderte. Zahlreiche Neubauten und sogar Hochhäuser entstanden. Mit der Gründung der Pädagogischen Hochschule wurde Kreuzlingen 2003 zur ersten Hochschulstadt im Kanton Thurgau.

Heute gibt es entlang der Grenze vom See bis zum Seerhein fünf offizielle **Grenzübergänge** zwischen der Schweiz und Deutschland. Seit 2006 markieren 22 Skulpturen des Konstanzer Künstlers Johannes Dörflinger* als weltweit einzige **Kunstgrenze** die Landesgrenze. Die Skulpturen sollen die offene Grenze zwischen der Schweiz und Deutschland symbolisieren, wie sie über Jahrhunderte hinweg Alltag war. HH

Die Kunstgrenze von Johannes Dörflinger

Emmishofen, Grödeli

ausschließlich auf Konstanz ausgerichtet. Eine eigene Kirchgemeinde wurde erst nach 1818, nach der Abtrennung vom Bistum Konstanz und der dortigen Mutterpfarrei St. Stephan, gegründet.

Emmishofen liegt am Jakobspilgerweg von Konstanz über Fischingen nach Einsiedeln. Das sog. **Grödeli** (um 1610, Konstanzer Str. 58) diente als Pilgerherberge. Eine Kanonenkugel in einem Gefach an der Straßenfront erinnert an die Kriegswirren um 1799. Das Geschoss soll von französischen Truppen, die sich zuvor bei Wäldi mit den Österreichern und Russen ein Gefecht geliefert hatten, bei der Eroberung der Kreuzlinger Wälle und des Emmishofer Tores abgefeuert worden sein. Der Name Grödeli soll von einem früheren Besitzer stammen (heute Wohn- und Gasthaus).

Emmishofen, Haus Zum Englischen Gruß

Hinter dem Grödeli liegt in idyllischer Lage das **Schlösschen Irsee** (Irseeweg 69). Es wurde vom Benediktiner-Reichskloster Irsee bei Kaufbeuren erbaut. Eine gut erhaltene Wappentafel an der Bachseite trägt die Jahreszahl 1683 und das Wappen des Klosters. Das Schlösschen diente den Klosterherren bei ihren Besuchen in Konstanz und Umgebung, insbesondere auch im Sommer, als Absteigequartier.

Das Haus **Zum Englischen Gruß** (Bernrainstr. 1) war ursprünglich ebenfalls eine alte Pilgerherberge am besagten Pilgerweg. Nach einer wechselvollen Geschichte und verschiedenen Umbauten wurde 2006 eine fachmännische, von privater Hand finanzierte Renovierung abgeschlossen. Im 1. OG entdeckte man ein Fresko mit barocker Malerei und eine alte Balkendecke. Im 2. OG besticht die barocke Deckenstuckatur mit der plastischen Darstellung des hl. Georg (heute Privathaus).

Die neobarocke, weithin sichtbare **kath. Kirche St. Stefan** von Emmishofen (Bernrainstraße) wurde 1902 durch den Architekten Albert Rimli erstellt. Die Kanzel, der Taufstein, die Altarreliefs und die Kreuzwegstationen sind nach Modellen des Kölners C. Schmitz ganz oder teilweise in farbiger Majolikatechnik durch die einheimische Firma Burkart ausgeführt. Sie gehören zum Wertvollsten und Einzigartigen der Stefanskirche.

Emmishofen, St. Stefan, Majolika-Altäre

Direkt neben der **Sternwarte** (Bernrainstr. 21) hoch über der Stadt, ist das erste **Planetarium** am Bodensee errichtet worden. Ein spannender Blick in die Welt des Universums erwartet die kleinen und großen Besucher.

Schlösschen und Landsitze

Rund um Kreuzlingen, auf den Anhöhen des Seerückens, liegt eine beachtliche Anzahl kleiner Schlösschen und Landsitze. Ursprünglich waren sie sehr oft befestigte Zufluchtsorte, später dann Sommerresidenzen der Konstanzer Patrizierfamilien und anderer wohlhabender Bürger.

Im Stadtteil Emmishofen, unten am Berghang, liegt **Schloss Brunnegg**. Es geht zurück auf die Burg Alt Girsberg, (auch Unter-Girsberg) welche in der Mitte des 14. Jh. in den Besitz der Konstanzer Patrizierfamilie Blarer übergegangen war. 1874 kaufte Dr. Ludwig Binswanger, der Gründer des Sanatoriums, den inzwischen zum Schloss ausgebauten Sitz für seinen persönlichen Gebrauch. Es ist bis heute im Fami-

Wallfahrtskapelle Heiligkreuz auf Bernrain

Ein wichtiges Pilger- und Prozessionsziel nicht nur der Konstanzer war die **Wallfahrtskapelle Heiligkreuz** von Bernrain. Sie wurde vom Konstanzer Leinenweber Hans Kränzlin gestiftet und noch vor ihrer Vollendung 1388 dem Bürgermeister und Rat der Stadt anvertraut. Um die Gründung der Kapelle rankt sich die Legende, dass 1384 ein Konstanzer Lausbub in frevelhafter Absicht das Kruzifix auf der Anhöhe über Kreuzlingen angefasst habe. Dabei sei ihm die Hand angewachsen und habe sich erst wieder gelöst, als seine Mutter sieben Wallfahrten nach Einsiedeln gelobte. Das mirakulöse Geschehnis ist auf dem großen Tafelbild (1598) an der Nordwand dargestellt.

Das Wunderkreuz (um 1355) steht auf dem Tabernakel des Hochaltars, der vielleicht aus der Kapelle des Gottlieber Schlosses stammt. Die beiden flankierenden Statuen stellen die Konstanzer Bistums- und Stadtpatrone Konrad und Pelagius dar. Sehenswert ist die seitlich angebaute **Marienkapelle** mit ihrem schönen gotischen Gewölbe. Die an der Pilgerstraße (am Schwabenweg) gelegene Heiligkreuzkapelle wurde ein vielbesuchter Wallfahrtsort. Das Hilfspriesterhaus der Redemptoristen neben der Kapelle wurde 1928 erstellt. WDB

Kapelle Bernrain, Marienkapelle

Schloss Brunegg

lienbesitz. Dr. Binswanger gab dem Schloss wegen der vorhandenen Quellen die Bezeichnung Brunnegg, auch um Verwechslungen mit den anderen Girsbergen zu vermeiden (heute Gastronomie- und Hotelbetrieb).

Auch **Schloss Girsberg** (Mittel-Girsberg) erlebte in seiner langen Geschichte zahlreiche Besitzerwechsel. 1790 ließ das Kloster Zwiefalten das alte Schloss abbrechen und ein neues erbauen. Die Glocke, die in der ebenfalls abgebrochenen Kapelle hing, befindet sich jetzt im Türmchen des Schlosses. Später gelangte Schloss Girsberg in den Besitz der Familie Zeppelin. Der Luftschiffer Ferdinand Graf Zeppelin war ab 1870 alleiniger Besitzer und verbrachte viel Zeit auf dem Gut. Seit 1983 hat Schloss Girsberg einen neuen Besitzer. Neben dem Puppenmuseum im Pächterhaus, welches über 500 Puppen aus verschiedenen Ländern und Epochen ausstellt, gibt es eine Kulturscheune und ein Schlosstheater.

Schloss Bernegg

Schloss Ebersberg (Lohstr. 20-22) hieß früher Ober-Girsberg. Es ist urkundlich seit dem 16. Jh. nachweisbar. Im 17./18. Jh. war es Eigentum der Familie Kunz und wurde deshalb auch Kunzenhof genannt. 1816 kaufte der bekannte Chirurg Johann Nepomuk Sauter das Haus,

Schloss Girsberg

welches er zu einer herrschaftlichen Villa umbaute. 1848 brannte das Gebäude ab und wurde neu errichtet, Eigentümer war Eberhard Graf Zeppelin, der Bruder des Luftschiffbauers. In den 1950er Jahren wurde das Schloss von dem deutschen Industriellen Friedrich Flick gekauft und umgebaut (heute Privatbesitz).

Östlich von Ebersberg erhebt sich auf einem Geländeabsatz der Herrensitz **Bernegg** (Berneggstr. 6). Der viergeschossige Hauptbau mit Mansarddach (1795, Türmchen 19. Jh.) hat eine unübersehbare Ähnlichkeit mit dem Sallmannschen Haus (Hauptstr. 74). Über dem Portal befindet sich das Familienwappen der Merhart, in deren unveräußerlichem Besitz das Gut Bernegg ist. Das Wappen wurde von der Bildhauerin Friedel Grieder geschaffen (siehe auch Seeburgpark), die viele Jahre in der Bernegg wohnte. HH

Stadtverwaltung Kreuzlingen: Stadthaus, Hauptstraße 62, CH-8280 Kreuzlingen, Tel. +41 (0)71 677 61 11; Rathaus, Löwenstraße 7, 8280 Kreuzlingen, Tel. +41 (0)71 677 63 73, www.kreuzlingen.ch

Seemuseum: Seeweg 3, CH-8280 Kreuzlingen, Tel. +41 (0)71 688 52 42, www.seemuseum.ch, Öffnungszeiten: Juli-September Di-So 14-17 Uhr, April-Juni und Oktober Mi, Sa-So 14-17 Uhr, November-März So 14-17 Uhr

Museum Rosenegg: Bärenstraße 6, CH-8280 Kreuzlingen, Tel. +41 (0)71 672 81 51, www.museumrosenegg.ch, Öffnungszeiten: Mi 17-19 Uhr, So 14-17 Uhr und nach Vereinbarung

Puppenmuseum Schloss Girsberg, www.schloss-girsberg.ch, Öffnungszeiten: jeden 1. Sonntag im Monat und nach Vereinbarung

Tägerwilen

Westlich von Konstanz und Kreuzlingen erstreckt sich ein weitläufiges, auf den ersten Blick eher unscheinbares Dorf: **Tägerwilen** (von täger – groß). Die drei Ortskerne – Oberdorf, Unterdorf und Hinterdorf – sind durch ihre landwirtschaftlich geprägte Bebauung noch heute gut auszumachen, auch wenn sie mittlerweile durch moderne Wohnbebauung zusammengewachsen sind. Wer sich in Tägerwilen auf die Suche begibt, wird immer wieder durch idyllische Winkel, schöne Riegelhäuser und sehenswerte Baudenkmäler überrascht.

Unterdorf

Eine Erkundung von Tägerwilen beginnt am besten bei der **Reformierten Kirche**. Deren Lage auf einem Hügel neben dem Unterdorf könnte auf einen ehem. mit Mauern befestigten Kirchenbezirk hinweisen. Erstmals erwähnt wird die Kirche 1155, der heutige gotische Bau reicht im Kern ins 13. Jh. zurück. Im Turmchor finden sich Reste eines Freskenzyklus der hll. Cosmas und Damian (spätes 15. Jh.), darstellend die Heilung eines Bauern. Mehrere, zum Teil massive Umgestaltungen haben den Kirchenbau nachhaltig verändert: Neubau des Langhauses 1761 in barocken Stilformen, Erneuerung des Turmaufsatzes 1864, eine weitreichende Renovierung 1965.

Der **Friedhof** liegt nach wie vor bei der Kirche, daher sind auch ältere Grabmäler und Epitaphien erhalten, darunter neben dem Nordeingang zur Kirche die leicht verwitterte Grablege der 1901 ausgestorbenen Familie Scherer-Scherburg, Besitzer von Schloss Castell.

Unmittelbar südlich des Kirchenhügels führt die alte Landstraße von Romanshorn–Kreuzlingen nach Zürich und Schaffhausen vorbei. Hier liegen die alten **Gasthäuser** Linde und Steinbock (Hauptstr. 96 und 85) sowie das **Müller-Thurgau-Haus** (um 1800, Müller-Thurgau-Str. 2), Geburtshaus des Pflanzenphysiologen Hermann Müller-Thurgau, Züchter der bekannten gleichnamigen Weißweinrebe. Versteckt am Bach findet sich das malerische Ensemble des alten, von Nebengebäuden umgebenen **Schul- und Gemeindehauses** (1610, Brunnenweg 2). Der prächtige Riegelbau auf massivem Sockelgeschoss präsentiert sich vorbildlich restauriert. In diesem Bereich, nördlich der Hauptstraße zu Füßen des Kirchenhügels, breitet sich das **Unterdorf** mit seiner kleinteiligen Bebauung aus (Brun-

Tägerwilen, ehem. Gemeindehaus

Müller-Thurgau-Haus

Friedhof, Grablege Scherer-Scherburg

nenweg, Unterdorfstraße, Bachweg, Rickstraße).

Schloss Pflanzberg, nordwestlich der Kirche, wird erstmals 1596 als Sitz der Freiherren Reding erwähnt. Der heutige Bau wurde Ende des 17. Jh. errichtet und 1828 sowie im späten 19. Jh. zum klassizistischen Herrenhaus umgestaltet (Pflanzbergstr. 1, Privatbesitz, nicht

Tägerwilen, Okenfiner

zu besichtigen). Östlich der Kirche, am Fuße des Kirchenhügels, steht der sog. **Okenfiner**, ein 1616 erbauter, nach einer Konstanzer Patrizierfamilie benannter Herrensitz (Okenfinerstr. 6, Privatbesitz, nicht zu besichtigen). Bei einem Umbau um 1720 kamen die charakteristischen polygonalen Erker mit Zwiebelhauben an der Ostseite hinzu. 1847 begann Karl Friedrich Gegauf im Okenfiner mit der Produktion von Nähmaschinen. Aus Platzgründen zog er bald nach Steckborn, wo sich aus seinem Betrieb die berühmte Nähmaschinenfabrik Bernina entwickelte.

Hinterdorf

Südlich der Kirche und der Hauptstraße erstreckt sich das **Hinterdorf** (Hinterdorfstraße, Egelbachstraße). Hier sei das **Haus Altwegg** genannt (Egelbachstr. 3), ein Ensemble aus einem älteren Giebelbau (spätes 17. Jh.) und einem Mansarddachbau (frühes 19. Jh.). Im sog. **Ratihaus** (Hinterdorfstr. 19) wurden seit dem 15. Jh. die Güter des Spitals der Stadt Konstanz verwaltet. Es gilt als eines der ältesten, wenn nicht das älteste Haus in Tägerwilen. Die mindestens seit 1679 bestehende **Ammannsmühle** am Kastelbach bildet mit dem Nachbargebäude eine schöne Baugruppe von Riegelhäusern (Hinterdorfstr. 28 und 26). Weiter oben am Bach steht die mindestens

Tägerwilen, Obermühle oder Alte Säge

seit 1522 bestehende Schleifenmühle des Stifts St. Stephan in Konstanz. Nach dem Verkauf der Mühle 1781 und dem Neubau der Gebäude durch Müller Rüber Umbenennung in **Rübermühle** (Grüntalstraße).

Östlich des eigentlichen Dorfs, an der Hauptstraße Richtung Kreuzlingen, entstand im Bereich der alten Bahnlinie Kreuzlingen–Weinfelden (heute Alte Gleisstraße) eine neuere Bebauung, für die exemplarisch die **Villa Rheinblick** stehen soll (1907, Oberstr. 2). Auch der alte **Bahnhof Tägerwilen Dorf** ist erhalten geblieben (Hauptstr. 123). Die Bahntrasse wurde 2001 verlegt, Tägerwilen erhielt dadurch einen sehr modernen, halb unterirdischen Bahnhof mit einem lang gezogenen Stahl-Glas-Dach (2001, Architekt Ivo Frei).

Oberdorf

Deutlich entfernt von den beschriebenen Ortsteilen um die Kirche liegt das **Oberdorf** ganz am westlichen Rand von Tägerwilen (Meierhofstraße, Oberdorfstraße, Wäldistraße). Anders als im Unter- und im Hinterdorf ist die Bebauung hier eher locker gruppiert und ohne einen zentralen Bezugspunkt. Hervorzuheben sind der stattliche ehem. Meierhof (Meierhofstr. 8), der schöne Riegelbau der Pfeifer- oder Kuhnmühle (1725, Oberdorfstr. 23a) und vor allem das beeindruckende Gebäudeensemble der **Obermühle oder Alten Säge** (Sägestr. 11). Die bereits 1532 genannte und im 18. Jh. erneuerte Obermühle war bis in die jüngere Zeit in Betrieb, zuletzt als Sägemühle und Holzlagerplatz. Nach einer engagierten Restaurierung 1985–89 ist hier ein bemerkenswertes Baudenkmal wiederbelebt worden, denn nicht nur das große Haupthaus mit seinem Fachwerk wurde vorbildlich restauriert, sondern auch die hölzernen Nebengebäude und der Mühlweiher.

Die Fläche zwischen Unter- und Oberdorf wurde seit dem 19. Jh. nachhaltig bebaut, damit der Ort zusammenwächst. Hier entstand so etwas wie ein neueres Zentrum von Tägerwilen, genannt seien das **Schulhaus** (1870, Hauptstr. 66), das sog. **Steinhaus** (Mitte 19. Jh., Hauptstr. 49), ein spätklassizistischer Bau mit Freitreppe, das sog. **Franzosenhaus** (1766, Palmenweg 3), das 1798 von napoleonischen Truppen besetzt

Haus zum Trittenbach

Tägermoos, Ziegelhof

Tägermoos

Das **Tägermoos** ist eine große, sehr fruchtbare Ackerfläche südlich des Seerheins zwischen Konstanz, Gottlieben und Tägerwilen. Als rechtliche Besonderheit gehört das Tägermoos bis heute kommunalrechtlich größtenteils zur Stadt Konstanz, nicht zu Tägerwilen, obwohl es ganz auf Schweizer Gebiet liegt. Das hat beispielsweise zur Folge, dass die Straßenschilder hier deutsch sind und Konstanz hier für den Straßen- und Wegebau zuständig ist. Grund hierfür ist, dass Konstanz stets die Niedergerichtsbarkeit über das Tägermoos innehatte. Über Jahrhunderte stand auch das Konstanzer Hochgericht, der Galgen, am Seerheinufer im Tägermoos.

Vom kleinen Grenzübergang **Tägerwiler Zoll** mit seinem alten **Zollhaus** (1862) verläuft die sehr wichtige alte Landstraße von Konstanz nach Zürich bzw. Schaffhausen durch das Tägermoos (Konstanzer Straße). Die Trasse ist hier für etwa einen Kilometer noch nicht ausgebaut und noch von Obstbäumen gesäumt. In den Feldern zwischen Zoll und Seerhein ist unter Bäumen der stattliche, seit dem Mittelalter bestehende **Ziegelhof** zu sehen.

Im Ort Tägerwilen markieren zwei alte **Gasthöfe** die Abzweigung der Stichstraße nach Gottlieben (Konstanzer/Gottlieber Straße): der Ochsen mit seinem barocken Mansarddach und das Haus Zum Trauben, ein Riegelbau von 1761. Die ursprüngliche Straßensituation ist allerdings seit dem Bau einer Unterführung der Bahnlinie Kreuzlingen–Schaffhausen sehr verunklärt.

FH

war, und das Haus **Zum Trittenbach** (um 1815, Castellstr. 5), ein hübscher Riegelbau mit Krüppelwalmdach und sehr gepflegtem, sehenswertem Vorgarten, das ehem. Armenhaus von Tägerwilen.

Schloss Castell

Schloss Castell

Schon von weitem sichtbar thront **Schloss Castell** mit seiner markanten Silhouette am Absatz des Seerückens oberhalb von Tägewilen. Ursprung war eine unmittelbar neben dem heutigen Schloss gelegene Wehrburg, die der Konstanzer Bischof Ulrich von Castell (reg. 1127–38) für seine Ministerialen errichten ließ und die im sog. Schwaben- oder Schweizerkrieg 1499 zerstört wurde. Die **Burgruine** mit ansehnlichen Mauerresten wurde jüngst restauriert und zugänglich gemacht. Die Plattform auf dem ehem. Bergfried (Öffnungszeiten bei der Gemeindeverwaltung Tägerwilen erfragen) bietet eine herrliche Aussicht auf Konstanz, Tägerwilen und die Bodensee- und Seerheinlandschaft.

Burgruine Castell

Nach 1585 ließ Conrad Vogt von Wartenfels neben besagter Ruine ein **Schloss** in Formen der Spätrenaissance errichten, das bis heute den Kern der Anlage bildet. Vor allem durch massive Umgestaltungen der Besitzerfamilie Scherer entstand 1878–94 die heutige vielteilige Neorenaissance-Anlage mit ihren diversen Anbauten, Erkern, Giebeln, Gängen und dem auffälligen, mit Erkern und Spitzdächern versehenen Turm. Fresken im Inneren schuf der Stuttgarter Historienmaler Carl Häberlein*, dessen Werke sich auch in Konstanz (Inselhotel, Haus zum Hohen Hafen) und Stein am Rhein (Rathaus) finden (Privatbesitz, Schloss nicht zu besichtigen, Park nicht zugänglich). FH

Gemeindeverwaltung Tägerwilen:
Bahnhofstraße 3, CH-8274 Tägerwilen,
Tel. +41 (0) 71 666 80 20, www.taegerwilen.ch

Gottlieben, Häuserzeile an der Seestraße

Gottlieben

Gottlieben ist mit etwa 300 Einwohnern und nur gut 32 ha Fläche eine der kleinsten selbstständigen Gemeinden der Schweiz. Fast nur das Dorf selbst ist Gemeindegebiet, die umgebenden Felder und das Tägermoos, sogar der erweiterte Schlosspark Gottlieben gehören bereits zu Tägerwilen. Dennoch ist das am Seerheinufer gelegene Gottlieben weit über den Bodenseeraum hinaus bekannt: als liebenswert romantischer Touristenort in noch recht naturnaher Uferlandschaft und wegen seiner gehobenen Gastronomie.

Das **Dorf** ging aus einer kleinen mittelalterlichen Fischersiedlung hervor. Über Jahrhunderte gehörte der Ort zum unmittelbaren Einflussgebiet des Bischofs von Konstanz. Ein hier im 13. Jh. geplanter befestigter Rheinübergang wurde nicht verwirklicht. Erst seit dem späten 17. Jh. erlangte Gottlieben als Marktflecken Bedeutung und sogar einigen Wohlstand.

Die Bischöfe von Konstanz ließen hier ab dem 13. Jh. eine ehem. mächtige, wehrhafte Wasserburg errichten: **Schloss Gottlieben**. Ältester Bauteil sind die beiden Ecktürme (Mitte 13. Jh.), dann folgten der dazwischen liegende Wohnbau (Pa-

las, 1346), der Ostflügel (1446) und der Nordflügel (1491). Während des Konstanzer Konzils wurden hier zeitweise der böhmische Reformator Jan Hus (hingerichtet 1415) und der abgesetzte Papst Johannes XXIII. (gest. 1419) gefangen gehalten. Mit dem Verlust des Thurgaus für Konstanz 1460/1499 und der Entscheidung des Konstanzer Bischofs 1526, die Burg Meersburg zu seiner Residenz zu machen, verlor die Burg in Gottlieben ihre Bedeutung.

1836 kam die nicht mehr genutzte Anlage in den Besitz des auf dem nahen Arenenberg aufgewachsenen Louis Napoleon, später als Napoleon III. Kaiser der Franzosen (reg. 1852–71). Louis Napoleon ließ die Burggräben zuschütten und den Wohntrakt in neogotischen Formen zu privaten Wohnzwecken umgestalten. Insbesondere die wasserseitige Hauptfassade erhielt ihr heutiges neogotisches Aussehen – unter Verwendung von Maßwerken des 14. Jh. aus den 1825 abgebrochenen Flügeln des Konstanzer Münsterkreuzgangs.

Schloss Gottlieben war stets zum Seerhein hin ausgerichtet, aber früher auch von der Dorfseite her offen zugänglich – über den Brunnenplatz (Am Schlosspark, Parkplatz) vor dem heute abweisenden Tor. Seit 1848 wechselte das Schloss mehrmals den Besitzer und blieb bis heute privat genutzt. Der **Schlosspark** ist mittlerweile nach außen recht abgeschirmt, das Schloss ist von der Landseite wegen des dichten Bewuchses kaum mehr einsehbar (Privatbesitz, nicht zu besichtigen).

Beim Schloss, an der Hauptzufahrt nach Gottlieben (Am Schlosspark), liegen erwartungsgemäß mehrere wichtige, das Ortsbild prägende Gebäude. Das Haus **Zur Brugg**, ein stattlicher Riegelbau (1619, Am

Haus Zur Brugg

Schlosspark 1), markiert den alten Ortseingang an der Brücke.

Eine Reihe etwas zurück versetzte Häuser bilden den kleinen **Dorfplatz**. Besonders ins Auge fällt das **Bodman-Haus** (Am Dorfplatz 1), in dem bis zu seinem Tod

Gottlieben, Bodman-Haus

der Dichter Emanuel von Bodman (1874–46) lebte und arbeitete. Heute ist in dem um 1700 erbauten, 1812 umgestalteten und 1999 mustergültig restaurierten Gebäude eine Bodman-Gedenkstätte mit Kulturzentrum untergebracht. Um 1823 wurde unmittelbar daneben das **Gemeindehaus** errichtet (Am Dorfplatz 3), ein ansehnlicher Riegelbau auf massivem Sockelgeschoss. In dem folgenden kleineren Riegelbau

Drachenburg

(Am Dorfplatz 5) befindet sich heute der Dorfladen.

Das wohl bekannteste und meistfotografierte Gebäude in Gottlieben ist die sog. **Drachenburg** (1674, Am Schlosspark 7), die zugleich den Dorfplatz nach Norden hin und den Platz vor dem Schlosstor nach Westen hin abschließt. Anders als der ursprüngliche Name Oberes Steinhaus vermuten lässt, handelt es sich nicht um ein Massiv-, sondern um ein zweigeschossiges Riegelhaus auf massivem Sockelgeschoss. Sehr dekorativ sind die beiden Erker mit Zwiebelhauben – der doppelstöckige ist älter (18. Jh.). Der Name Drachenburg rührt von Umbauten ab 1884 her, als die Besitzerin die Drachenwasserspeier und den zweiten der beiden Erker anbringen ließ. Auch die Innenräume sind sehenswert (heute Restaurant und Hotel).

Das benachbarte **Untere Steinhaus** (1620, Wappen im 1. OG, Am Schlosspark 9) war das Wohnhaus der Patrizierfamilie Lanz von Liebenfels, die auch das Obere Steinhaus erwarb und beide 1715 (Wappen und Jahreszahl über dem Portal) zum heutigen Häuserkomplex zusammenfasste. Das der Drachenburg gegenüber liegende **Haus Rheineck**, ehem. Zur Lilie, wurde 1692 von Bürgermeister Hans Georg Mayer errichtet (Am Schlosspark 8, heute Gästehaus).

Wo die Zufahrtstraße den Seerhein erreicht (Am Schlosspark/ Seestraße) entstand 1687 das Amts- und Schützenhaus mit der Wirtschaft Zum Schiff. Wegen des an-

Schloss Gottlieben, Seeseite

gebauten Salzstadels (abgebrochen 1896) erhielt das Gebäude ab 1852 den Namen **Waaghaus** (Am Schlosspark 10). 1947/53 wurden die Bauensembles Drachenburg (ab 1892 Weinstube) und Waaghaus zum heutigen, zusammen gehörenden Hotel- und Gastronomiebetrieb umgestaltet.

Drachenburg, Innenraum

Die **Seestraße** entlang des Seerheins lässt noch die ehem. Funktion als Warenumschlagplatz erahnen. Hier befinden sich die Schiffsanlegestelle und das Zollhaus. Die Uferpromenade war ursprünglich allerdings deutlich kürzer als heute: 1692 brach das Rheinufer großflächig ab, wodurch drei unmittelbar am Rhein erbaute Häuser einstürzten – darunter das **Gasthaus Krone**, das 1693

Haus Rheineck

Ausblick zum Wollmatinger Ried

in sicherem Abstand zum Ufer neu aufgebaut wurde (Seestr. 11).

In den rückwärtigen Gassen hat der Ort einen anderen, etwas unscheinbareren Charakter, doch sind hier einige alte Bauern- und Wohnhäuser erhalten geblieben (Kirchgasse, Aalgasse, Kronengasse, Fischergasse). Genannt sei natürlich auch die 1812 an Stelle einer barocken Vorgängerin (1734) erbaute **Reformierte Kirche**. Der Dachreiter kam erst 1899 hinzu, er stammt von der Kirche Kreuzlingen-Egelshofen. Das Innere birgt an älteren Ausstattungsstücken einen Taufstein (1735), ein dreistimmiges Geläut der bekannten Konstanzer Glockengießerei Rosenlächer (1735) und eine Kanzel (1812). Das **Schulhaus** ist ein Neorenaissancebau von 1894 (Kirchstr. 7).

Waaghaus

Überaus lohnend ist schließlich auch der **Ausblick** vom westlichen Dorfende (Seeweg) auf das Ried, den Untersee, die Insel Reichenau und die Hegauberge im Hintergrund. Das **Wollmatinger Ried** zwischen Seerhein und Untersee ist eines der wichtigsten und größten Vogelschutzgebiete für durchziehende und überwinternde Vögel. Hier am Dorfende findet sich freilich auch die Gottlieber Industrie, die hauptsächlich aus zwei Bootswerften und einer Süßwarenfabrik (Spezialität: Gottlieber Hüppen, Waffelstäbchen mit Füllung) besteht. FH

Gemeindeverwaltung Gottlieben: Kirchstraße 11, CH-8274 Gottlieben,
Tel. +41 (0) 71 669 12 82, www.gottlieben.ch

Bodman-Haus (Thurgauische Bodman-Stiftung),
Dorfplatz 1, CH-8274 Gottlieben,
Tel. +41 (0) 71 667 02 80, www.bodmanhaus.ch

Ermatingen, Obere Seestraße

Ermatingen

Die malerisch in den Untersee hinein ragende Halbinsel von Ermatingen ist schon seit Jahrtausenden besiedelt: Archäologen fanden hier Reste steinzeitlicher Pfahlbausiedlungen (ca. 3000 v. Chr.) ebenso wie bronze- und römerzeitliche Gräberfelder. Im 5./6. Jh. gründeten Alemannen das heutige Dorf, das schon im Jahr 724 erstmals urkundlich genannt wird. Über Jahrhunderte gehörte Ermatingen der Abtei auf der gegenüber liegenden Insel Reichenau. Ein Ammann des Klosters regierte über das Dorf. Der vielleicht schlimmste Einschnitt in der Geschichte Ermatingens war die Zerstörung durch kaiserliche Truppen am 11. April 1499 im sog. Schwaben- oder Schweizerkrieg, als die Zugehörigkeit des Thurgaus zur Eidgenossenschaft festgeschrieben wurde.

Ermatingen besteht aus zwei Siedlungsteilen, die nur lose miteinander verbunden sind: die ehem. Fischersiedlung Staad auf der Halbinsel entlang des Seeufers (Obere/Untere Seestraße) und das bei der Hauptstraße gelegene Oberdorf. Ein Rundgang beginnt am besten im **Oberdorf** bei Rathaus (modern), Pfarrkirche, ehem. Kehlhof und

Ermatingen, St. Albin, Deckengemälde im Chor

Der heutige Bau entstand wohl ab dem 13. Jh. Unverkennbar gotische Formen zeigen der Turm (13./14. Jh.) und der Chor (1494), das Langhaus (1488) ist im Kern älter als es scheint. An der linken Seitenwand öffnen sich zwei große Spitzbogen: die Katharinenkapelle im ehem. Turmchor mit einem schönen Christuskopf als Schlussstein des Gewölbes (1387) und vier hierher verbrachten Grabplatten (16./17. Jh.) sowie ein westlicher Vorraum mit Zugang zu einer Turmkapelle.

Die heutige barocke Gesamtwirkung des Inneren geht auf eine umfassende Barockisierung zurück. 1749/50 erfolgte ein großer Umbau durch den Vorarlberger Baumeister Johann Michael Beer*: Die Langhausdecke erhielt ein Stuckgewölbe, das Chorgewölbe wurde von Franz Ludwig Herrmann* mit einer Himmelfahrt Mariens als Haupt-

Gasthof Adler (Hauptstraße, Einmündung Fruthwiler Straße).

Kirche

Die **Paritätische Kirche St. Albin** ist ein Sonderfall, denn sie dient der kath. und der ev. Pfarrei Ermatingen gleichermaßen als Gotteshaus. 1524 wandte sich Pfarrer Bertschin der Reformation zu und musste zunächst nach Konstanz fliehen, wurde aber schon 1529 als erster ev. Pfarrer in Ermatingen eingesetzt. Nach Protesten des Reichenauer Abtes erhielt Ermatingen aber 1536 auch einen kath. Pfarrer. Seither teilen sich beide Konfessionen die Kirche (Pfarrertafel an der Westwand).

Ermatingen, St. Albin, Chorraum

bild ausgemalt (1750). Die paritätische Nutzung verlangte zum Teil eigentümliche Lösungen bezüglich der Ausstattung: An der Chorwand stehen an Stelle von kath. Seitenaltären ein Gestühl (links) und eine Kanzel mit Intarsien (1729, rechts). Der Chor erhielt einen eleganten (kath.) Rokoko-Hauptaltar mit Bildern aus der Adalbert-Vita von Franz Ludwig Herrmann* (1763), der jedoch nicht mittig am Chorende, sondern an der Chor-Nordwand aufgestellt wurde.

Oberdorf

Zusammen mit der Kirche prägt das schräg gegenüber an der Hauptstraße liegende **Gasthaus Adler**, einer der ältesten Gasthöfe des Thurgaus (genannt 1270), markant das Zentrum des Oberdorfs (Fruthwiler Str. 2). Das heutige Gebäude ist ein überaus prachtvoller, dreigeschossiger Riegelbau (Anfang 16. Jh.) mit neuerer Fassadenbemalung (José Sanz, 1925). Bemerkenswert sind neben dem schönen barocken Wirtshausschild auch die Innenräume, vor allem ein Saal mit Kassettendecke und Wandtäfer (18. Jh.) mit Rokoko-Genremalereien.

Lohnend ist ein Abstecher zur nahen **Berggasse**. Das nach Zerstörung 1499 schon 1501 wiederaufgebaute **Rellingsche Schlösschen** (Berggasse 3) ist benannt nach dem ab 1579 hier residierenden Junker Jechonias Rellingen von Feder. Das herrschaftliche Gebäude besteht aus einem älteren Riegelbau mit massivem Stufengiebel (1501) und einem späteren Anbau auf hohem Sockel (1686). Die **Berggasse** bildet mit ihrer kleinteiligen Bebauung aus Riegelhäusern einen malerischen Winkel im Oberdorf.

Entlang der Hauptstraße finden sich mehrere bemerkenswerte Häuser. Genannt sei das **Haus Rose** (1774, Hauptstr. 96) mit einer reichen Fassadenausstattung und Inneneinrichtung. Im Bereich der Einmündung der Kehlhofstraße bilden mehrere **Riegelhäuser** eine schöne Baugruppe, darunter die

Ermatingen, Gasthaus Adler

ehem. **ev. Schule** (1681, Hauptstr. 75). Sehenswert ist auch ein Ensemble aus klassizistischen Häusern und Riegelbauten um das mächtige Doppelhaus **Phönix** und **Harmonie** (1838/47, Hauptstr. 62/64). Im Haus Phönix ist das Vinorama Museum Ermatingen (Weinbaumuseum) untergebracht.

Wieder näher bei der Kirche steht der ehem. herrschaftliche **Kehlhof** (Kehlhofstr. 8). Um einen Wirtschaftshof gruppieren sich ein imposantes dreigeschossiges Riegelhaus mit schön bemalter hofseitiger Fassade und mehrere Ökonomiegebäude (Zehntscheune). Erbaut 1694 als Sitz des reichenauischen Ammanns (Datum am Kellerportal), besitzt das Haupthaus im 1. OG eine reich getäferte und kassettierte Gerichtsstube, deren Wand- und Deckenfelder mit alttestamentlichen Szenen bemalt sind.

Ermatingen, ehem. Kehlhof

Nördlich der Kirche markiert die ältere Bebauung an der Kirchgasse und Poststraße den Übergang zwischen Oberdorf und der ehem. Fischersiedlung Staad. Zu nennen sind die beiden **Riegelhäuser** Kirchgasse 13 und Poststraße 17, die mit dem gegenüberliegenden ehem. Gasthaus **Traube** (1730/1827, Poststr. 18, heute Wohnhaus) eine weitere schöne Baugruppe bilden.

Staad

Dass die Fischerei ein sehr wichtiger Erwerbszweig in Ermatingen war, davon zeugt die Bebauung auf der in den See ragenden **Halbinsel Staad** (Obere/Untere Seestraße). Gerade dieser Teil des Dorfes ist besonders malerisch, von hier bieten sich reizvolle Ausblicke auf den Untersee, die Insel Reichenau und die international bedeutenden Vogelschutzgebiete Wollmatinger Ried und Ermatinger Becken.

Das herrschaftliche, dreigeschossige **Barockhaus** Untere Seestraße 57 (1783) mit seinem charakteristischen Mansardendach wurde durch einen behelmten Treppenturm an der Rückseite und eine seitliche Veranda nachträglich zur schlossähnlichen Villa ausgebaut. Die beiden Häuser Untere Seestraße 46 und 43 bilden eine Art Einfahrt in das ehem. Fischerdorf. Etwas zurückversetzt das sehr schön restaurierte **Riegelhaus** Heimgartenstraße 10

Berggasse mit Rellingschem Schlösschen (hinten)

Kehlhof, Kellerportal

auf massivem Sockelgeschoss. Sehr kleinteilig ist die Bebauung um das **Fischergässli** mit der ehem. Fischräuche (Fischergässli 2).

Zur **Schiffslände** hin werden die Häuser wieder größer, bis hin zum **Gasthaus Krone** (vor 1686, Untere Seestr. 3) und dem ehem. Mayerhaus (Untere Seestr. 3). Einen Akzent setzt hier das ehem. **Gredhaus** (1817 beschädigt, 1818 Neubau, Untere Seestr. 4), das zur Stapelung der Waren und auch als **Zollhaus** diente. Von der Anlegestelle selbst bietet sich ein weiter Blick hinüber zur Reichenau, aber auch zurück zur pittoresken Häuserfront der Seestraße.

Schloss Wolfsberg

Ab 1571 errichtete Wolf Walter von Gryffenberg in bevorzugter Lage auf einem Geländeabsatz oberhalb von Ermatingen ein herrschaftliches Schlösschen auf quadratischem Grundriss: **Schloss Wolfsberg.** Von hier bietet sich ein weiter Ausblick auf Untersee, Reichenau und Bodanrück. Die exponierte Lage und die Nähe zu Königin Hortense auf Arenenberg veranlassten 1825 den napoleonischen Oberst Charles Parquin, Ehemann von Louise Cochelet, einer „Gesellschaftsdame" von Hortense, hier ein luxuriöses Gästehaus einzurichten. Dazu ließ Parquin die ehem. Schlosskapelle (Bibliothek) und die Stallungen restaurieren und einen langgezogenen, villenähnlichen Neubau errichten, den sog. **Parquinbau.**

Nach vielen Besitzerwechseln gehört Schloss Wolfsberg seit 1970 der UBS (Tagungs- und Ausbildungszentrum mit modernem Neubau), der gepflegte Park ist öffentlich zugänglich. Eine 1974 von Henry Moore persönlich aufgestellte Skulptur, die hier einen bedeutenden künstlerischen Akzent setzte, wurde leider 2006 wieder verkauft und entfernt.

Zwei weitere Landsitze oberhalb von Ermatingen sind abgesperrt, nicht einsehbar und nicht zu besichtigen: die **Villa Lilienberg** (1830, Arenenbergstr. 3) und die **Villa Ulmberg** (1919, Wolfsbergstraße). FH

Ermatingen, Gasthaus zum Schiff

An der **Oberen Seestraße** reihen sich in einer abwechslungsreichen Folge die größeren **Fischerhäuser** mit ihren charakteristischen Vorgärten aneinander. Hervorgehoben seien das schmale Haus Nr. 10 (Ecke Brunnengässli), der Riegelbau Nr. 14 (1762) auf massivem Sockel mit seiner Außenbemalung, das ehem. **Gasthaus Zum Schiff** (1708, Schiffsgasse 21), ein prächtiger Riegelbau auf massivem Sockel mit sehr schönem Ausleger, das ehem. **Gasthaus Hirschen** (1720, Obere Seestr. 60) mit ebenfalls sehr schönem Wirtshausschild. Ein mächtiger, einzeln stehender **Riegelbau** (Obere Seestr. 70) schließt die Häuserreihe im Osten ab. Von hier bietet sich ein schöner Blick zum Seerhein und bis nach Konstanz.

Triboltingen

Das kleine, seit 1975 zu Ermatingen gehörende Straßendorf Triboltingen überrascht durch eine ansehnliche **Reihe schöner Riegelhäuser** und eine sehr sehenswerte romanische Kapelle. Gleich der Dorfeingang von Konstanz/Tägerwilen her wird durch mehrere Riegelhäuser der Zeit um 1800 markiert, darunter das auffällige ehem. **Gasthaus Post** auf massivem Sockelgeschoss (Ende 18. Jh., Hauptstr. 58). Das zurückversetzte ehem. Wirtshaus **Zum Weinberg** (1752, Weinberg-

Rötelzeichnungen aus dem 15./16. Jh. in der Nikolauskapelle in Triboltingen

Triboltingen, Alte Landstr. 8–14

str. 2) besitzt einen zweistöckigen Eckerker.

Im weiteren Verlauf der Hauptstraße folgt das ehem. **Gasthaus Traube** (um 1800, Hauptstr. 47), gegenüber etwas zurückversetzt das ehem. **Mühlegut** (Erstnennung 1388, Bau 18./19. Jh.). Neben der ehem. Traube wieder zwei schöne **Riegelhöfe** (um 1800, Hauptstr. 43/41). Eine Art **Dorfzentrum** bildet eine sehr schön restaurierte Gruppe weiterer Riegelhäuser (Hauptstr. 35/44, Alte Landstr. 8–14). In diesem Bereich flankieren aber auch zwei als ländliche Bauten getarnte **Bunker** des Festungsgürtels Kreuzlingen die Hauptstraße (mehr dazu siehe bei Bottighofen).

Am Ortsausgang Richtung Ermatingen schließlich schon genannte spätromanische **Kapelle St. Nikolaus**. Erbaut vor 1267 durch die Herren von Triboltingen, wurde um 1500 ein polygonaler gotischer Chor angebaut, um 1602 erfolgte eine Erweiterung. Der markante Dachreiter mit Uhr (1602) ist das Wahrzeichen Triboltingens. Bemerkenswert sind ein gotisches Sakramentshäuschen und vor allem Wandmalereien im Chor (um 1500), darstellend u. a. Szenen aus der Passion Christi. Ein Kuriosum sind die bis ins 15. Jh. zurückreichenden Rötelzeichnungen, Kritzeleien und Pilgerinschriften an der Seiten- und Chorwand (Jahreszahl 1474). FH

Triboltingen, Kapelle St. Nikolaus

Gemeindeverwaltung Ermatingen: Hauptstraße 88, CH-8272 Ermatingen, Tel. +41 (0) 71 663 30 30, www.ermatingen.ch

Tourismusinformation: Verkehrsverein Ermatingen und Umgebung, Bahnhof Ermatingen, CH-8272 Ermatingen, Tel. +41 (0)71 664 19 09, www.ermatingen.ch, Öffnungszeiten: Mo-Fr 6.15-19 Uhr, Sa-So 8-18 Uhr

Vinorama Museum Ermatingen: Hauptstraße 62, CH-8272 Ermatingen, Tel. +41 (0) 71 660 01 01, www.vinorama-ermatingen.ch, Öffnungszeiten: Mai-Oktober Fr-So 14-17 Uhr, November-April Sa-So 14-17 Uhr

Ausblick von Schloss Arenenberg auf Mannenbach

Salenstein

Die Gemeinde Salenstein setzt sich aus den Ortsteilen Salenstein, Fruthwilen und Mannenbach zusammen. Während Salenstein und Fruthwilen Terrassensiedlungen am Nordosthang des Thurgauer Seerückens sind, liegt Mannenbach direkt am Seeufer. Die Landschaft um Salenstein prägen Terrassen und von Tobeln begrenzte, steile Bergsporne. Letztere bildeten ideale Standorte für den Bau von Burgen (Salenstein, Niedersalenstein/Hinterburg, Sandegg). Die Terrassen boten wiederum ideale Bauplätze für frühneuzeitliche Schlösser, Landsitze und Villen (Arenenberg, Louisenberg, Eugensberg, Hubberg). Insgesamt gibt es acht Burgen und Schlösser in der Gemeinde.

Salenstein am Nordosthang des Thurgauer Seerückens fand seine erste urkundliche Erwähnung 1092. Während des Mittelalters hatte die Abtei Reichenau hier die wichtigsten Grund- und Herrschaftsrechte inne. Bemerkenswert ist die Geschichte des Ortes nach 1817, als sich aus Frankreich vertriebene Angehörige der Familie Bonaparte und deren Parteigänger in den örtlichen Schlössern ansiedelten bzw. neue Sitze errichteten. Der prominenteste Bewohner Salensteins war der auf Arenenberg ansässige spätere französische Kaiser Napoleon III. (reg. 1852–71).

Schloss Salenstein mit äußerem Schlosshof

Schloss Salenstein

Weithin zu sehen ist die hochgelegene kleine Burg bzw. das **Schloss Salenstein** (Schlossgasse, Privatbesitz, nicht zu besichtigen). Seine Gründung und frühe Geschichte sind teils ungeklärt, da das Schloss für längere Zeit geteilt war und deshalb in Urkunden erscheinende Bezeichnungen nicht immer eindeutig zuzuweisen sind. Möglicherweise saßen zwei Linien der Herren von Salenstein, ab 1197 als Ministerialen der Abtei Reichenau nachgewiesen, auf den beiden Burgteilen. Diethelm, der Letzte der Schenken von Salenstein, verkaufte die Burg 1375 an Heinrich von Helmsdorf. 1440 übernahm die Familie Muntprat aus dem konstanzischen Patriziat das Schloss, das im 16. Jh. einen freisitzartigen Rechtsstatus erlangte. Nach mehreren weiteren Besitzerwechseln erwarb der französische Oberst Charles Parquin (siehe Schloss Wolfsberg bei Ermatingen) 1822 beide Burgteile und ließ 1826 das baufällige Neuschloss abbrechen. 1869 kam Schloss Salenstein an den sachsen-weimarischen Kammerherrn Alexander von Herder, ein Enkel des Philosophen J. G. Herder. Er ließ das Schloss als Wohnsitz im Geiste der englischen Neugotik umgestalten (Südseite). 1968 kam der gerundete Turm an der Südwestecke der Kernburg dazu, der einen Lift beherbergt.

Die unregelmäßig fünfeckige Hauptburg (Altschloss) steht auf der Spitze des steilen Bergsporns, Der ehem. Standort des Neuschlosses ist gärtnerisch gestaltet. Eine noch vorhandene Wendeltreppe an der Südseite der Hauptburg verband das Neuschloss mit dieser. Unter den **Bauten am äußeren Schlosshof** verdienen mehrere Häuser Beachtung, darunter der nördlichste Bau aus Fachwerk (1701) und das südöstlich daneben stehende **Von-Herder-Haus** (1672, Schlossgasse 17). Mit dem Von-Herder-Haus baulich verbunden ist das südsüdöstlich an-

Salenstein, Hinterburg

schließende **Landenberg-Haus** (19. Jh.). Nach Südosten begrenzt ein stattlicher Riegelbau (1711) den Baukomplex des äußeren Schlosshofes.

Die sog. **Hinterburg**, ehem. Burg Niedersalenstein (Hintergasse 5, Privatbesitz), liegt auf einem Bergsporn ca. 250 m westlich von Schloss Salenstein. Erhalten sind in markanter Lage ein stattliches Riegelhaus (16. Jh. auf mittelalterlichem Keller) und eine Scheune. Niedersalenstein gehörte schon Mitte des 14. Jh. nicht mehr den Herren von Salenstein, und auch hier gab es zahlreiche Besitzerwechsel. 1599 wird die Burg als „abgebrochen" bezeichnet.

Schloss Arenenberg

Das bekannteste der Salensteiner Schlösser ist **Schloss Arenenberg**, das heute das Napoleonmuseum Thurgau beherbergt. Das Schloss ging aus dem spätmittelalterlichen, burgartigen Sitz Narrenberg hervor, der Mitte des 15. Jh. der Konstanzer Patrizierfamilie Breisacher gehörte. Das Herrenhaus ließ 1543 der spätere Konstanzer Bürgermeister Sebastian Gaisberg erbauen, 1585 wurde es adeliger Freisitz mit eigener Gerichtsbarkeit.

Schloss Arenenberg

Es gab viele Besitzerwechsel, bis Hortense de Beauharnais, die einstige Königin von Holland und Gattin König Louis Napoleons von Holland, 1817 das Schlossgut erwarb. Hortense war eine Stieftochter und Schwägerin des französischen Kaisers Napoleons I. Sie machte Arenenberg zu ihrem Exilssitz und lebte hier von 1825 bis zu ihrem Tod 1837. Ihr Sohn Prinz Louis Napoleon, der später als Napoleon III. französischer Kaiser wurde (reg. 1852–71), wuchs hier auf. Bis 1837 lebte er auf Arenenberg, doch 1843 war er gezwungen, das Schloss zu verkaufen; 1855 konnte er es zurückkaufen.

Nach Napoleons III. Tod 1873 wohnte seine Witwe, Kaiserin Eugénie, in Schloss Arenenberg, das sie 1906 dem Kanton Thurgau aus Dankbarkeit für das gewährte Asyl schenkte. Es war ihr letzter Wunsch, im Schloss ein historisches Museum einzurichten und die Nebengebäude gemeinnützigen Zwecken zuzuführen (heute landwirtschaftliches Bildungs- und Beratungszentrum des Kantons Thurgau mit modernen Erweiterungsbauten).

Hortense ließ ab 1817 die Ringmauer abbrechen und das Herrenhaus zum zeitgemäßen Landsitz im französischen Stil umgestalten. Die Stufengiebel entfielen zugunsten des Zeltdaches, im Süden entstand ein Anbau, der sog. Pavillon (1874 aufgestockt).

Zu den Gästen, die Hortense auf Arenenberg empfing, gehörten viele bekannte und bedeutende Persönlichkeiten, darunter Dufour, Dumas, Lord Byron, Chateaubriand, Holland, Humboldt, Liszt, Pückler und Récamier. J. Meyer berichtet aus dieser Glanzzeit: „Wagen und Reiter kamen und gingen; Generäle und Oberste, Diplomaten und Staatsmänner, Spione und aufrichtige Freunde, Hofleute aller Art, berühmte Schriftsteller und Dichter aus weiter Ferne gingen ein und aus, und ein Kranz schöner Damen belebte die Säle des Schlosses oder erging sich mit feinen Kavalieren im Freien unter Blumen und Bäumen“.

Schloss Arenenberg, Ausblick

Heute dient das Hauptgebäude als Museum und Napoleon-Gedenkstätte mit **Interieurs** aus der Zeit der Ex-Königin Hortense, des Prinzen Louis und der Ex-Kaiserin Eugénie. Zur Ausstattung gehören wertvolles Mobiliar, Gemälde und Skulpturen

Arenenberg, Schlosskapelle

sowie zahlreiche historische Dokumente. Sonderausstellungen zu Themen, die in einem Kontext mit der Geschichte des Schlosses und seiner Zeit stehen, werden durchgeführt. Unter den Innenräumen des Schlosses ist besonders der **Salon der Königin Hortense**, ein für die Zeit typischer „Zelt-Salon" mit abgeschrägter Decke und gestreiften Zelttapeten, zu nennen, der um 1825 nach dem Vorbild von Schloss Malmaison bei Paris eingerichtet wurde und den Eindruck eines Zeltinneren vermittelt. Das Billardzimmer diente offenbar bis 1832 als Hauskapelle.

Bemerkenswert ist die freistehende neogotische **Schlosskapelle**. 1831/32 erbaut, wurde sie 1855 und 1873 umgestaltet, 1949 rückgebaut und 1981/86 renoviert. Das Altarbild, ein Triptychon, wird Jacopo di Paolo (1371–1426) zugeschrieben. Aus Paris wurde das 1845 von Lorenzo Bartolini* gefertigte Marmorgrabmal der Hortense transloziert.

Schloss Eugensberg

Als Eugène de Beauharnais (†1824), der einstige Vizekönig von Italien, seine Schwester Hortense auf Arenenberg besuchte, kam der Wunsch auf, nahebei einen eigenen Landsitz zu erwerben. Er kaufte Güter der ehem. Herrschaft Sandegg und ließ dort 1821 **Schloss Eugensberg** in eleganten Empireformen errichten. Eugène und seine Tochter vergrößerten den Besitz durch Ankäufe – das Schloss ist von einem weitläufigen Park umgeben. 1834 veräußerte Prinzessin Eugénie das gesamte Anwesen. 1918 fügte der Industrielle Hippolyt Saurer aus Arbon (Saurer-Werke) als Besitzer des Schlosses zwei Seitenflügel an (Architekten Streiff & Schindler, Zürich) und ließ den Park umgestalten. Den runden Tempietto im Park entwarf German Bestelmeyer, München 1874–1942).

Den Kern des Schlosses bildet das sehr stattliche, 1821 erbaute Herrenhaus, ein dreigeschossiger Bau mit flachen Dreiecksgiebeln und Walmdach. An der Rückseite bilden die eingeschossigen Seitenflügel (1918, Küche und Gärtnerhaus) einen Ehrenhof, in dessen Mitte sich ein eingetiefter runder Brunnen befindet.

1949-88 diente Eugensberg als Erholungsheim des Diakonieverbandes Ländli. Eine Restaurierung sowie eine Umgestaltung des Parks erfolgten 1990–92 nach dem Erwerb des Anwesens durch die Hugo

Schloss Eugensberg

Erb AG. Das Schloss und der riesige Landschaftspark im Stil eines Englischen Gartens sind heute großräumig abgesperrt, nicht zugänglich und so gut wie nicht einsehbar (Privatbesitz).

Sandegg

Auf einem Bergsporn gut 400 m nordwestlich unterhalb von Eugensberg liegt ein Garten, von dem aus sich eine eindrucksvolle Aussicht über den See auf die Insel Reichenau, die Höri und den Hegau bietet. Der Sporn trug ehem. die Burg **Sandegg**, die ab etwa 1260 greifbar ist. Die Burg gehörte dem Deutschen Orden (bis 1272), der Abtei Reichenau (bis vor 1350) und wurde in der Folge von der Abtei an verschiedene Inhaber verpfändet. 1540 galt Burg Sandegg als baufällig, wurde 1603 wieder instand gesetzt.

Nach weiteren Besitzerwechseln erwarb 1817 Louise Cochelet, eine „Gesellschaftsdame“ der Königin Hortense, das Schloss Sandegg. Nachdem sie 1822 Oberst Parquin geehelicht hatte (siehe Schloss Wolfsberg bei Ermatingen), stand Schloss Sandegg Gästen der Familie Bonaparte zur Verfügung. 1833 brannte das Schloss ab. Heinrich von Kiesow, Besitzer des benachbarten Schlosses Eugensberg, kaufte die Ruine 1843, ließ sie abbrechen, und hier einen Garten mit Aussichtsterrasse anlegen.

Salenstein, Hofplatz, sog. Kloster

In den Kontext der Burgen- und Schlösserrezeption am

Bodensee gehört die sog. **Wartburg**, 1876/77 als Hotel am Hang unterhalb des Parkgeländes des Schlosses Eugensberg als schlichter klassizistischer Bau errichtet und 1925 nach Westen um fünf Achsen erweitert; damals erhielt das Gebäude sein neobarockes, schlossartiges Erscheinungsbild.

Salenstein, Schlossgasse

Dorf Salenstein

Im **Ortskern** von Salenstein münden sechs Straßen auf einem zentralen Platz zusammen (Hofplatz): die Straßen von Schloss Salenstein, Arenenberg, Ermatingen, Fruthwilen, Eugensberg und eine kleine Nebengasse (Lochstraße). Am Hofplatz stehen mehrere erwähnenswerte Bauten. Hier ist zuerst das **Schulhaus** (1874, verändert 1918) zu nennen, ein streng symmetrisch gegliederter, spätklassizistischer Bau mit Walmdach. Nordöstlich der Schule steht ein das sog. **Kloster**, ein großes dreigeschossiges, ehem. sehr prächtiges Fachwerkhaus, das der Meier- oder Zehnthof der Abtei Reichenau gewesen sein könnte (Privathaus, innen weitgehend modernisiert).

Die beiden genannten beherrschenden Bauten sind umgeben von mehreren stattlichen **Riegelhäusern** des späten 17. bis 19. Jh. (östlich der Schule) und kleineren **Bauern- und Tagelöhnerhäusern** des 18./19. Jh. (südlich der Schule).

Fruthwilen

Fruthwilen setzt sich aus drei Siedlungskernen, den mehr oder weniger geschlossenen Hofgruppen Unter- und Ober-Fruthwilen sowie Hub zusammen. Auf einer Terrasse über dem Hubertobel steht das **Schloss Hubberg** (Hubstr. 13), das erstmals 1377 als Besitz des Klosters Reichenau genannt ist und 1399–1580 dem Chorherrenstift St. Johann zu Konstanz gehörte. 1580 erwarb Gabriel Reichlin von Meldegg „die Hueb"

Salenstein, Eugensbergstraße

Salenstein

und erbaute bis 1595 hier ein neues Herrenhaus mit einem Stufengiebel, zwei unteren Massivgeschossen und einem 2. OG aus Fachwerk.

Im 19. Jh. wurde aus dem Schloss wieder ein bäuerliches Anwesen, worauf der volkstümliche Name „Bauernschloss“ zurückzuführen ist. Ab 1953 lebte der deutsche Schriftsteller Hans Leip auf Hubberg, der den Text zu „Lili Marleen“, dem bekanntesten Soldatenlied des Zweiten Weltkriegs schrieb. Im Inneren von Schloss Hubberg sind barocke Stuckaturen erhalten (Privatbesitz, nicht zu besichtigen).

Im **Dorf Fruthwilen** blieben mehrere zwischen dem späten 17. und frühen 19. Jh. entstandene **Bauernhäuser** erhalten (z. B. Hauptstr. 34, 36, 38 und 54). Bemerkenswert ist das 1897 durch den Zimmermeister Georg Geiger erbaute **Schulhaus**, ein spät- bzw. nachklassizistischer Bau mit Kniestock und flachem Walmdach (Hauptstr. 58).

Mannenbach

Möglicherweise hatte **Mannenbach** bereits eine steinzeitliche Vorläufersiedlung am Seeufer. Das heutige Dorf wird erst 1221 urkundlich greifbar. Vor allem die nahe Abtei auf der Insel Reichenau war hier begütert, im Spätmittelalter war Mannenbach Sitz eines reichenauischen Ammanns, der die Niedergerichtsbarkeit (auch über Salenstein) ausübte.

Die **Alte Mühle** (Hauptstr. 2) ist seit 1350 als Lehen des Klosters Reichenau bezeugt. Der um die Mühleneinrichtung reduzierte, einst stattliche Fachwerkbau stammt wesentlich aus dem 18. Jh., innen blieben Täfer und eine Felderdecke

Fruthwilen, Schloss Hubberg

erhalten. Als klassizistisches Wohnhaus ist das Gasthaus **Löwen** (1821, Hauptstr. 3) erwähnenswert. Darüber hinaus gibt es einige weitere klassizistische Wohngebäude (z. B. Hauptstr. 18–22). Aufgrund seiner guten Erhaltung ist das 1875 als schlichte ländliche Station erbaute **Bahnhofsgebäude** (Hauptstr. 21) zu erwähnen, dessen Fachwerkkonstruktion hinter einem Bretterschirm verborgen ist. Die klassizistische, in einer fünfachsigen Fassade streng gegliederte **Kaplanei** (Louisenbergstr. 13) entstand um 1852/54 als Ersatz für das wegen des Schlossbaus Louisenberg abgebrochene alte Kaplaneihaus, das ehem. neben der Kapelle St. Aloysius stand.

Wallfahrtskapelle St. Aloysius

Am Westausgang Mannenbachs (und damit der Gemeinde Salenstein), unterhalb von Schloss Eugensberg und der ehem. Burg Sandegg, stehen auf einer Hangterrasse nicht sonderlich hoch über dem Seeufer zwei bedeutende Baudenkmäler: die Aloysiuskapelle und Schloss Louisenberg.

Mannenbach, Aloysiuskapelle, Wandmalerei

Die **Wallfahrtskapelle St. Aloysius** war einst der hl. Dreifaltigkeit sowie den hll. Nikolaus, Dionysius und Georg geweiht. Sie soll nach einer erst aus dem 15. Jh. stammenden Urkunde angeblich 1155 geweiht und einer Legende nach von einem Salensteiner Ritter erbaut worden sein, der so seinen Dank für die glückliche Heimkehr vom Kreuzzug zum Ausdruck brachte. Wegen der hier aufbewahrten Reliquien, angeblich Partikel des Kreuzes und der Krippe Jesu, war die Kapelle ein vielbesuchter Wallfahrtsort. Der polygonale Chorschluss entstand 1488, 1692 erhielt die Kapelle das Patrozinium St. Aloysius, 1694/95 entstand eine neue Ausstattung (Altar).

Bedeutend sind die **Wandmalereien** im Inneren, die im Anschluss an den Chorneubau 1488 entstanden. Sie gliedern sich in fünf Bilderzyklen: das Leben Jesu (Westwand), die Passion Christi (Nordwand), Heiligendarstellungen (Choransatz, Fensterleibungen), Apostel und Propheten (Chor) und die Legende von der Kreuzauffindung durch Kaiserin Helena (Südwand). Erhalten sind Votivbilder des 18. Jh. Die Uhr im Dachturm über dem Chor schuf Hans Luterer aus Ermatingen 1533.

Schloss Louisenberg

Unmittelbar unterhalb der Aloysius-Kapelle erhebt sich **Schloss Louisenberg** (Privatbesitz, nicht zu besichtigen). 1825 kaufte die verwitwete Großherzogin Stéphanie von Baden, geb. Beauharnais, das 1417 neben der Kirche erbaute Kaplaneihaus. Stéphanie war eine Cousine der auf dem nahen Schloss Arenenberg residierenden Hortense de Beauharnais. Aber erst der folgende Besitzer der Kaplanei, der französische General Marquis de Crenay, ließ das alte Gebäude abbre-

Schloss Louisenberg, Terrasse

Mannenbach, Schloss Louisenberg und Aloysiuskapelle

chen und 1835/36 an dessen Stelle das Schloss erbauen. Nach Louise de Séréville, der Nichte seiner Gattin, wurde es Louisenberg genannt. Architekten des Herrenhauses sollen Fontaine und Percier gewesen sein, nach deren Planungen für Josephine und Kaiser Napoleon I. das Schloss Malmaison bei Paris umgestaltet worden war.

Es entstand ein dreigeschossiger klassizistischer Bau über Hochparterre mit schwach ausspringendem Mittelrisalit zur Seeseite und Walmdach. Ein Bodenerker mit Altan (19. Jh.) prägt die Südwestseite des Herrenhauses. Der Anbau der Terrasse erfolgte gegen Ende des 19. Jh. Vor dem Herrenhaus stehen zwei **Statuen aus weißem Marmor**: eine in Carrara (Italien) gefertigte Kopie des Apoll aus den vatikanischen Museen, der seinerseits eine Kopie einer griechischen Bronzestatue ist, sowie eine Kopie der antiken Jagdgöttin Diana aus dem Louvre (Salle de Karyatide) in Paris. Südlich des Herrenhauses und der Kapelle steht ein zu Wohnzwecken veränderter Wirtschaftstrakt. ML

Gemeindeverwaltung Salenstein: Eugensbergstraße 2, CH-8286 Salenstein, Tel. +41 (0)71 664 23 23, www.salenstein.ch

Napoleonmuseum Thurgau, Schloss und Park Arenenberg, CH-8286 Salenstein, Tel. +41 (0)71 663 32 60, www.napoleonmuseum.tg.ch, Öffnungszeiten: Di-So 10-17 Uhr

Tourismusinformation: Verkehrsverein Ermatingen und Umgebung, Bahnhof Ermatingen, CH-8272 Ermatingen, Tel. +41 (0)71 664 19 09, www.ermatingen.ch, Öffnungszeiten: Mo-Fr 6.15-19 Uhr, Sa-So 8-18 Uhr

Bottighofen

Bottighofen wird um 830 erstmals urkundlich erwähnt, doch war die Gegend sicher schon in prähistorischer Zeit bewohnt. Vom Hochmittelalter bis ins 19. Jh. war das nahe Kloster Münsterlingen Grundherr des Dorfes. Für die Besiedlung des Dorfes war weniger das Seeufer als vielmehr der Stichbach maßgebend. Entlang des Baches lassen sich gleich vier Mühlen nachweisen, die teilweise noch bis ins 20. Jh. in Betrieb waren. Zwischen Oberer und Mittlerer Mühle findet sich noch allenthalben ältere Bebauung (Hinterdorfstraße, Mittlere Dorfstraße). Heute ist die idyllische Lage am Bach ein bevorzugtes Wohngebiet.

Untere Mühle und Hafen

Ausblick vom Chlii Rigi auf Bottighofen und den Bodensee

Das Haus **Chlii Rigi** (Rigistraße, vermutlich 1881 erbaut) steht auf einem Gebiet, das zum Böslinger-Gut gehört hat, wo bis 1870 eine Papiermühle betrieben wurde. Lange Zeit war Klein-Rigi ein vielbesuchtes Aussichtsrestaurant oberhalb des Dorfes, auch für die Konstanzer (heute Privathaus). Noch heute bietet sich von hier ein weiter Panoramablick auf den Bodensee.

Die **Obere Mühle** war zuletzt eine Kartonfabrik (Obere Mühle-

Bottighofen, Gasthaus Bären

str. 5, heute privates Wohnhaus). Vor dem Haus steht noch ein Bodenstein des Kollergangs, der bei der Kartonfabrikation zum Mahlen des Altpapiers diente. Die **Mittlere Mühle** (Mittlere Mühlestr. 1/3) wurde Anfang des 20. Jh. zu einer Schreinerei umgebaut wurde und brannte 1909 bis auf die Grundmauern nieder. Der Neubau diente bis zur Stilllegung als Möbelfabrik (heute Privatwohnungen). Am längsten in Betrieb war die **Untere Mühle** (Seestr. 31–35), die seit 1254 nachgewiesen ist, aber 1716 durch einen Neubau ersetzt wurde. In den letzten Jahren wurden die Gebäude zu Wohn- und Geschäfts-

Bottighofen, Obere Mühle

Ein Baudenkmal aus der neueren Zeit ist nicht auf den ersten Blick erkennbar. Der 1937–40 errichtete **Festungsgürtel Kreuzlingen** war ein über 11 km langer Ring von Befestigungsanlagen um Kreuzlingen, gedacht zur Abwehr eines Angriffs aus Richtung Konstanz. Der aus über 60 Bunkern, Unterständen und Panzersperren bestehende Festungsgürtel reicht von Bottighofen im Osten bis Triboltingen (Ermatingen) im Westen. Obwohl seit Ende 1994 außer Betrieb gesetzt, sind die Anlagen noch weitgehend erhalten und zum Teil zu besichtigen. In Bottighofen ist ein als Riegelhaus getarnter Infanteriebunker zum Dokumentationszentrum ausgebaut worden. HH

Untere Mühle

häusern umgebaut und das zugehörende Land überbaut. Der ehem. Siloturm ist noch gut erkennbar. Auf dem Parkplatz dreht sich als moderne Installation ein Mühlrad, verschiedene Transmissionsteile sind in das ehemalige Mühlenareal integriert.

Ein sehr auffallendes Gebäude an der Kreuzung Haupt-/See-/Lengwilerstraße (Kreisel), zwischen Mittlerer und Unterer Mühle, ist das **Gasthaus Bären** (1672, Seestr. 2). Gesichert ist seine Nutzung als Bauernwirtschaft im 19. Jh. Noch im 20. Jh. hielt ein Arzt hier in einem Nebenraum zweimal wöchentlich Sprechstunden für die Dorfbevölkerung ab. Das stilvoll restaurierte Gebäude nebenan soll ehem. der **Kehlhof** des Klosters Münsterlingen gewesen sein (Seestr. 4). Eine Stuckdecke im Innern (um 1740) zeigt Darstellungen der vier Jahreszeiten (privates Wohnhaus).

Eine weitere markante Gebäudegruppe befindet sich direkt am Seeufer: das **Schlössli**, ein 1677 erbauter Herrensitz, der um 1800 in den Napoleonischen Kriegen stark in Mitleidenschaft gezogen und zum Teil neu wiederaufgebaut wurde (privates Wohnhaus), sowie das ehem. **Gredhaus**, das Lagerhaus von Bottighofen am Hafen. Das Gredhaus diente später als Zollhaus und ist jetzt ein Restaurant. HH

Schlössli und Gredhaus

Gemeindeverwaltung Bottighofen: Dorfzentrum, Schulstraße, CH-8598 Bottighofen, Tel. +41 (0)71 688 69 49, www.bottighofen.ch

Verein Festungsgürtel Kreuzlingen: Postfach 86, CH-8598 Bottighofen, Tel. +41 (0)71 672 67 01, bzw. +41 (0)71 422 42 64, www.festungsguertel.ch

Bottighofen, Bunkeranlage in der Rigistraße

Psychiatrische Klinik Münsterlingen, ehem. Klostergebäude

Münsterlingen

Die beiden 1994 zur Politischen Gemeinde Münsterlingen vereinigten Orte Scherzingen und Landschlacht haben eine unterschiedliche Geschichte hinter sich. Scherzingen unterstand bis 1798 der Stadt Konstanz (Vogtei Eggen), Landschlacht war Besitz des Klosters Münsterlingen. Die wenigen erhaltenen Häuser aus dem frühen 19. Jh. deuten auf eine mehrheitlich arme Bevölkerung, die sich mit Landwirtschaft und Weinbau über Wasser hielt. Fehlende Hafenanlagen zeigen, dass Schifffahrt und Fischerei eine untergeordnete Rolle spielten. In den letzten fünfzig Jahren hat sich die Bevölkerungszahl mehr als verdoppelt, einerseits wegen der Nähe zur Agglomeration Kreuzlingen-Konstanz, andererseits wegen des steten Wachstums der beiden Klinikbetriebe (Kantonsspital, Psychiatrie).

Landschlacht

Landschlacht, St. Leonhardskapelle

Kreuztragung Christi (vor 1330)

Ein Kleinod ist die ehrwürdige **St. Leonhardskapelle** in Landschlacht (tagsüber geöffnet). Der schlichte Bau birgt wertvolle Wandmalereien aus dem Spätmittelalter, die seit der Reformationszeit unter Putz verborgen waren und 1907 wieder entdeckt wurden. Die Kapelle wurde vermutlich vor dem Jahr 1000 gebaut, wovon die romanischen Fenster im Langhaus zeugen. An der Nordwand sind Reste der ursprünglichen Wandbemalung zu sehen. Die Jakobusfigur wird ins späte 14. Jh. datiert.

Der schöne **Passionszyklus** an der Südwand (vor 1330) wurzelt in seiner Gestaltung in der Buchmalerei der Manessezeit. Die sechs (von ursprünglich acht) Szenen beginnen mit der Geißelung Christi, der Leidensweg Christi wird undramatisch erzählt, in mystischer Versenkung in das Geschehen. Die Figuren sind in schönlinigen Formen im sog. schwebenden Stil gezeichnet. Selbst die Häscher und Folterknechte wirken grazil. Die Grablegungsszene ist durch den späteren Einbau einer Empore beschädigt worden. Unmittelbar an diese Bilder schließt ein **zweiter Passionszyklus** aus dem

Landschlacht, St. Leonhardskapelle

späten 15. Jh. an, der sich über die Westwand fortsetzt und mit der Auferstehung endet.

Um 1400 wurde die St. Leonhardskapelle nach Osten (Chorseite) erweitert. Der neue Raumteil wurde 1432 mit weiteren **Wandbildern** ausgemalt: einer Leonhards-Vita, ergänzt durch Bilder von Heiligen, einem Kreuzigungsbild und sechs Szenen, welche Handlungen der Barmherzigkeit zeigen.

Im Ort Landschlacht sind einige wenige **Riegelhäuser** erhalten geblieben. Das prächtigste zeigt eine formenreiche, mit Schnitzmustern verzierte Fachwerkkonstruktion (1692, Schulstr. 10). Auch die drei **Gasthäuser** Rotes Haus (1811, Seestr. 10), Sonne (1787, Seestr. 30) und Frohsinn (Vorderdorfstr. 16) sind reizvolle Riegelhäuser.

Münsterlingen

Das 1125 erstmals erwähnte **Kloster Münsterlingen** stand auf der Landzunge unten am See. Die Gemeinschaft der Chorfrauen lebte nach der Augustinerregel und stand Angehörigen des niederen Adels und des Konstanzer Patriziats offen. Das in der Reformationszeit verwaiste Kloster wurde 1549 mit Benediktinerinnen neu besetzt. Äbtissin Beatrix Schmid von Brandenstein erteilte 1709 dem Vorarlberger Baumeister Franz Beer von Blaichten* den Auftrag für einen Neubau, der 1716 bezogen wurde.

Die **Klosterkirche** (1727 geweiht) ist in die vierflügelige Anlage integriert. Ein kleiner Vorplatz

Kloster und Klosterkirche Münsterlingen

gewährt den Zugang. Der Turm ist zum Teil in die Fassade eingelassen. Unter dem Zifferblatt stehen in Nischen die hl. Klosterpatrone Remigius, Walpurga und Scholastika (Kopien, Originale vor der Kirche aufgestellt).

Im Inneren ist die Klosterkirche ein sechsjochiger Wandpfeilersaal mit großer, von Kreuzgewölben getragener Nonnenempore. Die Stuckaturen wurden vermutlich von Wessobrunner Meistern ausgeführt. Sie sind zurückhaltend in ihrer For-

Klosterkirche Münsterlingen, Detail aus dem Chorgitter

Klosterkirche Münsterlingen, Deckenbild und Kruzifix

mensprache. Die **Deckenbilder** stammen von Jacob Carl Stauder*: Im Langhaus sind der Märtyrer Adrianus, Johannes der Täufer, der Ordensgründer Benedikt, Judas Thaddäus und die Kirchenpatrone dargestellt, in der Vierungskuppel die Verkündigung an Maria, an der Chordecke eine illusionistisch gemalte Tambourkuppel, das Lamm Gottes sowie Abraham, Isaak und David.

Die **fünf Altäre** wurden von dem Überlinger Bildhauer Hans Georg Greising geschaffen. Das große Bild des Hochaltars stammt von Franz Carl Stauder* und zeigt die hll. Remigius, Walpurga, Scholastika und Laurentius, die den hl. Benedikt verehren, oben Gottvater, Christus und Maria. Die Bilder der Seitenaltäre im Chor stammen von Johann Balthasar Riepp*: links eine Anbetung des Kindes durch die hl. drei Könige, rechts die hl. Familie. Im Querschiff

Klosterkirche Münsterlingen, Engel vom Hochaltar

links ein Rosenkranzaltar mit Bild von Franz Carl Stauder*, im Altar rechts der hl. Adrianus, gemalt von Johann Balthasar Riepp*. Die Altäre sind voll barocker Pracht, verwirren mit glänzenden Säulen, bunten Blumen und Früchten, mit Ranken und zahllosen Engeln und Putten. Die meisten Statuen stammen noch aus der alten Klosterkirche, zum Teil von dem Konstanzer Bildschnitzer Christoph Daniel Schenck*, der auch das Gestühl auf der Empore und den Äbtissinnenstuhl rechts vom Hochaltar geschnitzt hat.

Das duftig leichte **Chorgitter**, das in einer Scheinperspektive zwei tonnengewölbte Gänge vortäuscht, schmiedete Johann Jacob Hoffner Das Kruzifix über dem Gitter ist auf 1722 datiert, die Christusfigur dürfte aber aus der Zeit vor 1600 stammen.

Klosterkirche Münsterlingen, Fastentuch

Im Chorraum befindet sich ein sog. **Fasten- oder Hungertuch**, eines der wenigen erhaltenen der Schweiz. Es ist 1565 entstanden und

Brustbildnis des hl. Johannes

zeigt rund um den Auferstandenen die Leidenswerkzeuge Christi (arma Christi), die auch den Schalldeckel der kunstvoll geschnitzten Kanzel bekrönen. An der Südwand hängen Bilder der zwölf Apostel (1731).

Im Mittelgang ist ein **Brustbildnis des hl. Johannes Evangelist** aufgestellt (16. Jh.). Die Skulptur wird bei jeder der äußerst seltenen Seegfrörnen (wenn der Bodensee ganz zugefroren ist) in einer feierlichen Prozession zwischen Hagnau und Münsterlingen über den zugefrorenen See getragen. Die erste Eisprozession fand angeblich 1573 statt, zuletzt wurde die Johannesstatue während der Seegfrörne 1963 von Hagnau nach Münsterlingen getragen. Jetzt warten die Hagnauer auf das nächste große Eis, damit die Figur wieder in ihre Kirche zurückkehrt.

Die thurgauischen Klöster wurden 1848 aufgehoben. Die Konventbauten von Münsterlingen dienen heute dem **Kantonsspital**. Die Kirche gehört der katholischen Kirchgemeinde Münsterlingen. Die neuen, dreigeschossigen Erweiterungsbauten des Kantonsspitals Münsterlingen (1967–73) wurden von Edwin Bosshardt entworfen. Sie sind niedriger als das Kloster gehalten, um dessen Eindruck nicht zu beeinträchtigen.

Die am Seeufer gelegene **Psychiatrische Klinik Münsterlingen** markiert den ursprünglichen Standort des Klosters Münsterlingen. Bei der Verlegung des Klosters 1709/16 wurden die bestehenden Bauten abgebrochen und das Material für den Neubau verwendet. Deshalb ist vom alten Kloster nur wenig übrig geblieben: ein Stück der Umfassungsmauer und das 1665 erbaute **Gästehaus**, ein langgestreckter, dreigeschossiger Bau mit steilem Satteldach, direkt am See gelegen (heute Klinikgebäude). Die 1838–40 auf dem Gelände eingerichtete Psychiatrische Klinik wurde ab 1847 mehrmals, zum Teil erheblich erweitert – zuletzt durch Neubauten 1989. Das Klinikgelände ist frei zugänglich, Cafeteria und Personalrestaurant stehen jedem offen.

Das 2003 von Daniele Marques erbaute Münsterlinger **Gemeindehaus** (Klosterstr. 4), ein dunkelgrauer Betonbau, schmiegt sich an den zum See hin abfallenden Hang und respektiert so die historische Bausubstanz der barocken Klosteranlage. Der zierliche Bau aus dem 19. Jh. dahinter dient als **Aussegnungskapelle**, ehem. lag hier die Begräbnisstätte des Spitals für Heimat- und Konfessionslose.

Scherzingen

Die 1617/18 von Johannes Wirth erbaute **ev. Kirche Scherzingen** war das erste eigens für die Reformierten errichtete Gotteshaus im gesamten Thurgau. Beim 1886 erfolgten neogotischen Umbau erhielt die Kirche anstelle des Dachreiters einen Turm. 2003 erfuhr sie eine durchgreifende Umgestaltung im Inneren (Orgel, Chorfenster). In Scherzingen finden sich einige wenige historische **Fachwerkbauten**. Hervorzuheben sind das bescheidene ehem. **Pfarrhaus** im Dorfzentrum (18. Jh.,

Scherzingen, ehem. Kehlhof

Reuschenstr. 2) und das eindrucksvolle Riegelhaus am südwestlichen Dorfrand, wahrscheinlich der ehem. **Kehlhof** (1746, Buregass 6). WDB

Gemeindeverwaltung Münsterlingen,
Klosterstraße 4, CH-8596 Münsterlingen,
Tel. +41 (0)71 686 85 55, www.muensterlingen.ch

Albiker, Karl (Ühlingen 1878–1961 Ettlingen): Bildhauer, Studium an der Kunstakademie Karlsruhe, Aufenthalte in Paris (bei Auguste Rodin), München, Rom und Ettlingen, ab 1919 Professor an der Kunstakademie Dresden, ab 1945 ansässig in Ettlingen, *32*

Appiani, Giuseppe († 1786 Mainz): Freskenmaler, stammt aus der Mailänder Gegend, evtl. verwandt mit der weitverzweigten Künstlerfamilie Appiani, tätig u.a. in Franken (Vierzehnheiligen, Michaelskirche Würzburg), Meersburg (Schloss), der Schweiz und Mainz, kurmainzischer Hofmaler, *75*

Bagnato, Franz Anton (Altshausen 1731–1810 Ravensburg?), Barockarchitekt, Sohn des Johann Caspar Bagnato, Baudirektor der Deutschordensballei Elsass-Burgund, ansässig in Ravensburg und Altshausen, *75*

Bagnato, Johann Caspar (Landau/Pfalz 1696–1757 Mainau), Barockarchitekt, ab 1729 Baumeister der Deutschordensballei Elsass-Burgund, bedeutendster Vertreter der französisch ausgerichteten Architektur in Südwestdeutschland, Werke im Bodenseeraum u.a.: Deutschordenskommende Altshausen, Damenstiftskirche Lindau, Kornhaus Rorschach, Schloss und Schlosskirche Mainau, Heilig-Kreuz-Kapelle Oberdorf, Kloster Salem (Umbau), Stiftskirche St. Gallen (Plan), *73, 75*

Bartolini, Lorenzo (Savignano/Toskana 1777–1850 Florenz): der nach Canova berühmteste ital. Bildhauer des 19. Jh., ging 1797 nach Paris, von Napoleon 1808 nach Carrara gesandt, um dort eine Bildhauerschule zu gründen, Übersiedlung nach Florenz, ab 1839 Direktor der dortigen Kunstakademie, *136*

Beer, Johann Michael (Au/Bregenzerwald 1696–1780 Bildstein): Vorarlberger Baumeister, lieferte Pläne zu Kloster Fischingen, baute 1760–69 am Münster zu St. Gallen als Nachfolger Peter Thumbs, weitere Werke: Schlosskapelle Mammern (1740–43), Kloster Mehrerau (1749/50), Pfarrkirche Niederbüren (1761–65), *126*

Beer von Blaichten, Franz (Au/Bregenzerwald 1660–1726 Bezau): Vorarlberger Baumeister, 1677–80 Lehre bei Michael Thumb, nach dessen Tod Vollender der Klosterkirche Obermarchtal, weitere barocke Kirchenbauten Beers: Klosterkirche Rheinau, Klosterkirche Weingarten, Klosterkirche Weißenau bei Ravensburg (1717–24), 1722 vom Kaiser geadelt zu Franz Beer Edler zu Blaichten (Bleichten), *148*

Blomeier, Herrmann (Gelsenkirchen 1907–1982 Konstanz): 1930–32 am Bauhaus Dessau Schüler von Ludwig Mies van der Rohe und Ludwig Hilbersheimer, ab 1933 in Konstanz; Werke in Konstanz und am See: Scala-Filmtheater (1937/38), Randbebauung Fährehafen Konstanz (1949–53), Randbebauung Fähre Meersburg (1951–53), Clubhaus Ruderverein Neptun am Seerhein (1955/56), Seepumpwerk Sipplingen (1956–58), Kreuzkirche Konstanz (1957), Wessenberg-Schule Konstanz (1963–68), Melanchtonkirche Gaienhofen (1964/65), *54, 71*

Böblinger, Lux († 1502 Konstanz): Baumeister, stammt aus einer Ulmer Baumeisterfamilie, Sohn des Hans Böblinger d. Ä., tätig an der Frauenkirche Esslingen (1477), dann in Ulm (1482) und wieder in Esslingen (1485), ab 1487 ansässig in Konstanz, bischöflicher Werkmeister, zuständig für den Bau des Konstanzer Münsters in der Nachfolge Vinzenz Ensingers (siehe dort), u.a. Erbauer der Welserkapelle am Konstanzer Münster, *14*

Breinlinger, Hans (Konstanz 1888–1963 ebenda): am Expressionismus orientierter Maler und Glasmaler, Ausbildung als Fotograf, Studium an der Kunstakademie Karlsruhe, 1926 Wohnsitz in Berlin, 1943 Rückkehr in seine Heimatstadt Konstanz, schuf viele religiöse Kunstwerke, *42*

Dörflinger, Johannes (* Konstanz 1941): Studium an der Akademie Karlsruhe und der Hochschule der Künste Berlin, Aufenthalte in London und New York, ab 1969 Dozent für Malerei an der New York University, lebt und arbeitet in London und auf Gozo (Malta), *40, 107*

Ellenrieder, Marie (Konstanz 1791–1863 ebenda): Enkelin des Malers Franz Ludwig Herrmann, Malerin und Grafikerin, Ausbildung in Konstanz, erste an der Münchener Akademie zugelassene Frau, Aufenthalte in Rom 1822–24 und 1838–40, Hinwendung zu den Nazarenern, großherzoglich badische Hofmalerin, berühmt für ihre lebensnahen Portraits, schuf außerdem zahlreiche religiöse Themen und Altarbilder in ganz Südbaden, *41, 68*

Ensinger, Vinzenz (Bern um 1422–1495 Konstanz): Baumeister, 1448 Münsterbau in Bern in Vertretung seines nach Ulm übergesiedelten Vaters Mathias Ensinger (1390–1463), 1450 beide am Straßburger Münsterbau tätig, 1451 wieder in Bern, um 1459 Bestallung als Baumeister des Münsters in Konstanz, leitet den Münsterbau bis 1487, als er von Lux Böblinger (siehe dort) abgelöst wird, führte u.a. den Anbau der Seitenkapellen im Konstanzer Münster durch, *14*

Feuchtmayer, Joseph Anton (Linz 1696–1770 Salem-Mimmenhausen): bedeutendster Barockbildhauer und Stuckateur des Bodenseeraums, außerdem Zeichner und Kupferstecher, stammte aus einer weitverzweigten Familie von Bildhauern, Stuckateuren, Malern und Zeichnern, Sohn des Bildhauers Franz Joseph Feuchtmayer (um 1659–1718), Ausbildung in Schongau und Salem, Werke u.a. in Kloster Salem, Basilika Weingarten, Schloss Meersburg, Kloster St. Gallen, Kloster St. Peter im Schwarzwald, Kloster Einsiedeln, Schlosskirche Mainau, schuf 1746–50 die Ausstattung der Wallfahrtskirche Birnau, *74*

Gürtner, Werner (Speyer 1907–1991 Überlingen): Bildhauer, aufgewachsen in Überlingen am Bodensee, Lehre als Holzbildhauer, Studium der Bildhauerei an der Akademie München, ab 1932 freischaffender Künstler in Überlingen, 1940–45 Kriegsdienst, ab 1953 öffentliche Aufträge, *33*

Gutrecht, Matthäus der Jüngere (tätig um 1506–34): Maler in Konstanz, Sohn des Malers Matthäus Gutrecht des Älteren (tätig um 1480/1500), schuf mehrere Auftragswerke für den Konstanzer Bischof Hugo von Hohenlandenberg (reg. 1496–1530)und das Domkapitel, u.a. den Orgelprospekt im Konstanzer Münster und den Altar in der dortigen Konradikapelle, *15*

Häberlein, Carl (Oberesslingen 1832–1911 Stuttgart): Maler vorwiegend historischer Themen, Schüler von Neher und Schadow, Reisen durch Frankreich, England und Italien, ab 1866 in Stuttgart, ab 1868 Professor an der Kunstschule Stuttgart, in Konstanz Wandfresken im Kreuzgang des ehem. Inselklosters und am Haus „Zum hohen Hafen“, Außenbemalung des Rathauses von Stein/Rhein, des Schlosses Castell bei Tägerwilen, *28, 44, 119*

Haider, Simon († vor 1481 Konstanz): Bildschnitzer am Umbruch von Spätgotik zu Frührenaissance, in der Nachfolge des Nikolaus Gerhaerts van Leyden Schnitzer des Chorgestühls und der Westportalreliefs (1470) am Konstanzer Münster, beides vollendet von seinem Schwiegersohn Heinrich Yselin (siehe dort), *10, 12*

Herrmann, Franz Ludwig (Wangen oder Kempten 1710–1791 Konstanz): Freskenmaler, stammt aus einer bekannten Kemptner Malerfamilie, seit den 1740er Jahren in Konstanz, fürstbischöflicher Hofmaler, schuf viele Deckengemälde und Fresken im Bodenseeraum, u.a. in Konstanz (St. Stephan, Münster), Kreuzlingen (Klosterkirche), Hilzingen (Seitenaltäre), Ittingen (Klosterkirche) und Überlingen (Franziskanerkirche), *27, 47, 98, 99, 126, 127*

Lenk, Peter (*Nürnberg 1947): Bildhauer, lebt in Bodman, Werke und Monumente im öffentlichen Raum mit stets provokanten und polarisierenden Figuren, im Bodenseeraum u.a.: Konstanz, Triumphbogen (Laube-Brunnen, 1991), Konstanz, Imperia am Hafen (1993), Singen, Paradiesbaum (1995), Gaienhofen, Dix-Kurve (1997), Überlingen am See, Bodenseereiter (1999), Stockach, U-Boot U 20 (2002), Meersburg, Magische Säule (2007), *32, 50, 51*

Manz, Philipp Jacob (Kohlberg bei Nürtingen 1861–1936 Stuttgart): Architekt von Industriebauten, insbesondere von seriell hergestellten sog. Shed-Hallen, ansässig in Stuttgart, Bauten vor allem für die süddeutsche Textilindustrie, aber auch in Frankreich, Polen und Österreich-Ungarn, sein Erfolgsrezept ist die Verbindung von Technik und Ästhetik, in Konstanz Architekt von Stromeyersdorf, *62*

Memberger, Kaspar (Caspar) († vor 1626 Konstanz): Maler, Sohn des Philipp Memberger († 1584 Konstanz), ansässig in Konstanz, um 1590 von Erzbischof Wolf Dietrich von Raitenau nach Salzburg gerufen, dort erzbischöflicher Hofmaler, *47*

Morinck, Hans (Niederlande um 1555–1616 Konstanz): Bildhauer, niederländischer Herkunft, ab 1578 in Konstanz ansässig (Wohnhaus Zollernstraße, Haus Zum guten Hirten), Vermittler der italienischen Renaissance und Wegbereiter der Barockskulptur am Bodensee, wie z.B. Jörg Zürn, *47, 48, 50*

Pozzi, Carlo Luca (Karl Lukas) (Castallo San Pietro/Tessin 1735–1805 ebenda): Bildhauer, Sohn, Schüler und Mitarbeiter des Francesco Pozzi, Bruder von Giuseppe (Stuckateur) und Domenico (Maler) Pozzi, 1765 Hof-

Fratze an der Traube in Egelshofen (Kreuzlingen)

stuckateur in Mannheim, dort zahlreiche Werke, *75*

Riepp, Johann Balthasar (Kempten 1703–1764 Vils): Barockmaler, Sohn eines fürstäblich-kemptischen Beamten, Ausbildung durch Hofmaler Franz Benedikt Herrmann in Kempten, Lehre bei Jacob Carl Stauder in Konstanz (bis 1725), dann Italienreise, gefragter Maler seiner Zeit, nach dem Tod seines einzigen Kindes 1740 Alkoholsucht und sozialer Abstieg, *149, 150*

Sauerbruch, Hans (Marburg/Lahn 1910–1997 Konstanz): Maler und Zeichner, Studium der Medizin, dann der Malerei in Berlin, 1938–41 Stipendiat in Olevano/Italien, 1942–45 Kriegsdienst, ab 1946 in Konstanz ansässig, 1961–75 Dozent für Kunsterziehung an der Fachhochschule Konstanz, schuf die in Konstanz an vielen Hausfassaden angebrachten Wandbilder und Sgraffiti, *25, 53*

Schenck, Christoph Daniel (Konstanz 1633–1691 Konstanz?): wichtigster Konstanzer Bildhauer des 17. Jh., stammte aus einer weitverzweigten Bildhauerdynastie, arbeitete ausschließlich für kirchliche Auftraggeber, insbesondere für den Bischof und das Domkapitel von Konstanz sowie für Kloster Einsiedeln, Autor von Kleinfiguren ebenso wie von Monumentalskulpturen, *20, 92, 150*

Schenck, Hans Christoph (Mindelheim 1612–1664 Konstanz?): Bildhauer, spätestens 1633 ansässig in Konstanz, Vater des Christoph Daniel Schenck (siehe dort), schuf Skulpturen u.a. für die Klöster St. Gallen,

Kreuzlingen und St. Blasien sowie für verschiedene Kirchen im Bistum Konstanz, *98*

Spiegler, Franz Joseph (Wangen 1691–1757 Konstanz): Barockmaler, Ausbildung u.a. in Wien, ab 1727 ansässig in Riedlingen, ab 1752 in Konstanz, u.a. Deckenfresken in Kloster Ottobeuren, Klosterkirche St. Peter im Schwarzwald, Klosterkirche Salem, Damenstiftskirche Lindau, Klosterkirche Zwiefalten, Augustinerkirche Konstanz, ferner zahlreiche Altarbilder und Ölbilder religiöser Themen, *39, 74*

Stahel (Stachel), Rudolf (um 1450–1527/28 Konstanz): Maler, Aufträge und Werke vor allem in der Stadt Konstanz, *87*

Stauder, Jacob Carl (Oberwil/Baselland 1694–1756 Luzern): Barockmaler in Konstanz, Sohn des Franz Carl Stauder, schuf hauptsächlich Deckenbilder in Kirchen, aber auch Wandbilder, Staffeleibilder, Zeichnungen und Druckgraphik, Hauptwerke u. a. in Münsterlingen, Weißenau, Donauwörth, Wessobrunn, Ottobeuren, St. Katharinental und St. Blasien, *149*

Stauder, Franz Carl (Ochsenhausen? um 1660/64–1714 Solothurn): Barockmaler, Vater von Jacob Carl Stauder, schuf Altarblätter in der Klosterkirchen Ochsenhausen, um 1686–90 in Konstanz fassbar, in den 1690er Jahren Werke für Kloster St. Urban (Luzern) und Alt-Birnau (Salem), ab 1701 in Solothurn ansässig, Altarblätter für die Augustinerkirche Konstanz (um 1710) und die Klosterkirche Münsterlingen, *149, 150*

Stockhausen, Hans Georg (*1920): Professor für Glasmalerei an der Kunstakademie Stuttgart, u.a. Glasfenster im Ulmer und Straßburger Münster sowie in der Stuttgarter Stiftskirche und der Welserkapelle am Konstanzer Münster, *14*

Sutor, Emil (Offenburg 1888–1974 Karlsruhe): Bildhauer, 1. Preis der sog. Kunstolympiade 1936, Entwurf der Figur des „Bambi" für den dt. Medienpreis (1948), Professor an der Kunstakademie Karlsruhe, Ehrenbürger von Offenburg, Skulpturen u.a. in Karlsruhe, Stuttgart, Offenburg, St. Blasien, Bruchsal, Konstanz, *61*

Thumb, Peter (Bezau/Vorarlberg 1681–1766 Konstanz): Barockarchitekt, 1708–31 im Dienst der Abteien Ebersmünster, Ettenheimmünster, Schwarzach und Frauenalb, ab 1720/26 ansässig in Konstanz (Haus Zur Leiter), ab 1732 Münsterbaumeister, ab 1737 Mitglied des Rats der Stadt, Werke u.a. St. Peter im Schwarzwald (Klosterkirche), St. Gallen (Kirche und Kloster), Hilzingen (Pfarrkirche) und vor allem der Neubau der Wallfahrtskirche Birnau am Bodensee (1746–51), aber auch Profanbauten, z.B. Haus Zum weißen Pfau in Konstanz, *33, 41, 47*

Yselin (Iselin), Heinrich († 1513 Konstanz): Bildschnitzer, Herkunft evtl. aus Ravensburg, seit den 1470er Jahren in Konstanz ansässig, ab 1481 Konstanzer Bürger, Schwiegersohn von Simon Haider (siehe dort), enge Zusammenarbeit mit Hans Haider, Sohn des Simon, Vollender des Chorgestühls und der Westportalreliefs im Konstanzer Münster, Mitglied des Konstanzer Rats, die meisten seiner Werke nicht erhalten, *12*

FH

Orts-Verzeichnis

Fotografien

Alle Fotografien wurden, soweit nachstehend nicht anders aufgeführt, angefertigt von Dr. Franz Hofmann, Konstanz.
Wolf-Dieter Burkhard, Landschlacht: 147 oben und mitte, 149 oben, 150 unten
Ernst Hofstetter, Bottighofen: 103
Dr. Bernd Konrad, Markelfingen: 11, 94
Gerhard Plessing, Überlingen-Bambergen: 6/7, 56/57, 73, Umschlag hinten, vordere Klappe oben rechts
Tourist-Information Konstanz: Umschlag vorn mitte
Gemeinde Reichenau: 78

Karten

Übersichtskarte Klappe vorn: Axel Kohl, Landratsamt Konstanz
Konstanz und Konstanz Altstadt: Tourist-Information Konstanz GmbH, bearbeitet von Thomas Curtze-Schatton, Stuttgart
Kreuzlingen: media swiss ag, CH-9053 Teufen, bearbeitet von Thomas Curtze-Schatton, Stuttgart

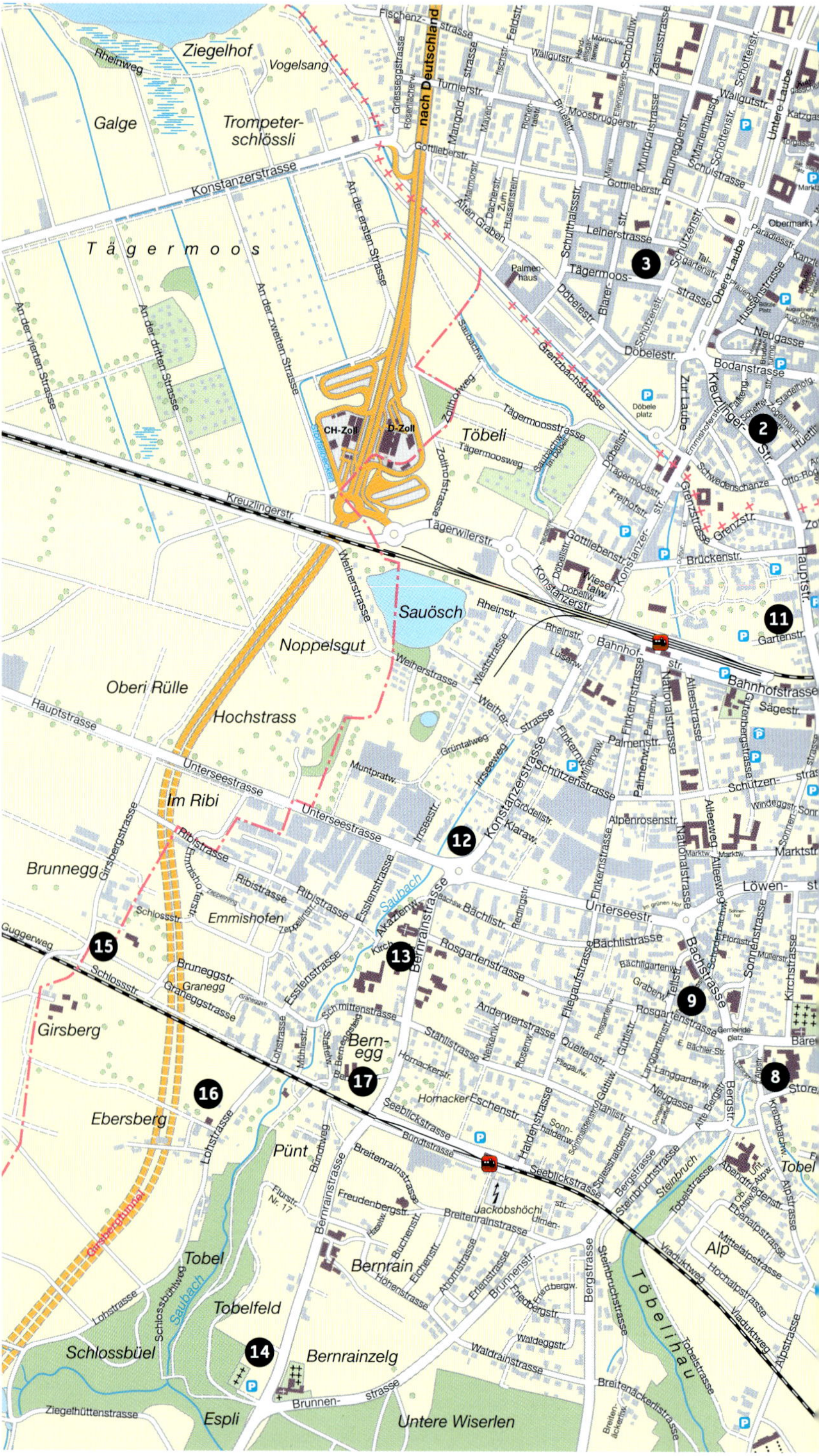

Ziegelhof
Vogelsang
Rheinweg
Galge
Trompeter-
schlössli
Konstanzerstrasse
Tägermoos
An der vierten Strasse
An der dritten Strasse
An der zweiten Strasse
An der ersten Strasse
nach Deutschland
Fischenz-strasse
Griessegg-strasse
Turnierstr.
Mangold-strasse
Gottlieberstr.
Alten Graben
Wallgutstr.
Moosbruggerstr.
Schobulw.
Zasiusstrasse
Wallgutstr.
Untere Laube
Schottenstr.
Brauneggerstr.
Muntpratstrasse
Gottlieberstr.
Schulstrasse
Leinerstrasse
Schützenstr.
Obermarkt
Paradiesstr.
Tägermoos-
strasse
Obere Laube
Hussenstrasse
Palmen-
haus
Döbelestr.
Blarer-
Neugasse
Döbelestr.
Bodanstrasse
Grenzbachstrasse
Saubachw.
Zollhofweg
Döbele
platz
Zur Laube
Kreuzlinger Str.
CH-Zoll
D-Zoll
Töbeli
Tägermoosstrasse
Tägermoosweg
Zollhofstrasse
Schwedenschanze
Grenzstrasse
Grenzstr.
Kreuzlingerstr.
Tägerwilerstr.
Gottliebenstr.
Brückenstr.
Hauptstr.
Konstanzer-
Weiherstrasse
Sauösch
Rheinstr.
Noppelsgut
Bahnhof-
str.
Bahnhofstrasse
Gartenstr.
Sägestr.
Oberi Rülle
Hochstrass
Hauptstrasse
Weiherstrasse
Weststrasse
Finkernstrasse
Nationalstrasse
Alleestrasse
Palmenstr.
Grüntalweg
Konstanzerstrasse
Schützenstrasse
Schützen-
Unterseestrasse
Im Ribi
Muntpratw.
Irseestr.
Alpenrosenstr.
Alleeweg
Marktstr.
Unterseestrasse
Ribistrasse
Girsbergstrasse
Brunnegg
Emmishofen
Esslenstrasse
Saubach
Bachlistr.
Redlingstr.
Unterseestr.
Löwen-
Guggerweg
Schlossstr.
Bächlistrasse
Bachstrasse
Sonnenstrasse
Kirchstrasse
Akazienw.
Bernrainstrasse
Rosgartenstrasse
Bruneggstr.
Granegg
Graneggstrasse
Girsberg
Schmittenstrasse
Anderwertstrasse
Rosgartenstrasse
Bern-
egg
Stählistrasse
Quellenstr.
Langgartenw.
Neugasse
Bergstr.
Hornackerstr.
Hornacker
Eschenstr.
Ebersberg
Lohstrasse
Seeblickstrasse
Bündstrasse
Haldenstrasse
Püntweg
Pünt
Bündweg
Bernrainstrasse
Breitenrainstrasse
Freudenbergstr.
Breitenrainstrasse
Jackobshöchi
Seeblickstrasse
Steinbruchstrasse
Steinbruch
Tobelstrasse
Tobel
Alpstrasse
Alp
Viaduktweg
Hochalpstrasse
Girsbergtunnel
Tobel
Saubach
Tobelfeld
Bernrain
Eichenstr.
Buchenstr.
Höhenstrasse
Erlenstrasse
Brunnenstr.
Friedbergstr.
Waldeggstr.
Bergstrasse
Steinbruchstrasse
Töbelihau
Tobelstrasse
Schlossbüel
Lohstrasse
Bernrainzelg
Waldrainstrasse
Breitenackerstrasse
Ziegelhüttenstrasse
Espli
Brunnen-strasse
Untere Wiserlen
2
3
8
9
11
12
13
14
15
16
17

1 KONSTANZ ALTSTADT
2 KONSTANZ STADELHOFEN
3 KONSTANZ PARADIES (S. KARTE NÄCHSTE SEITE)
4 EHEM. KLOSTER UND KLOSTERKIRCHE KREUZLINGEN
5 SEEBURG, SEEMUSEUM, SEEBURGPARK
6 KURZRICKENBACH
7 RÖMERBURG
8 EGELSHOFEN, ROSENEGG
9 TRAUBE EGELSHOFEN
10 SALLMANNSCHES HAUS
11 BELLEVUE
12 EMMISHOFEN
13 KIRCHE ST. STEPHAN
14 KAPELLE BERNRAIN
15 BRUNNEGG, GIRSBERG
16 EBERSBERG
17 BERNEGG
18 KUNSTGRENZE

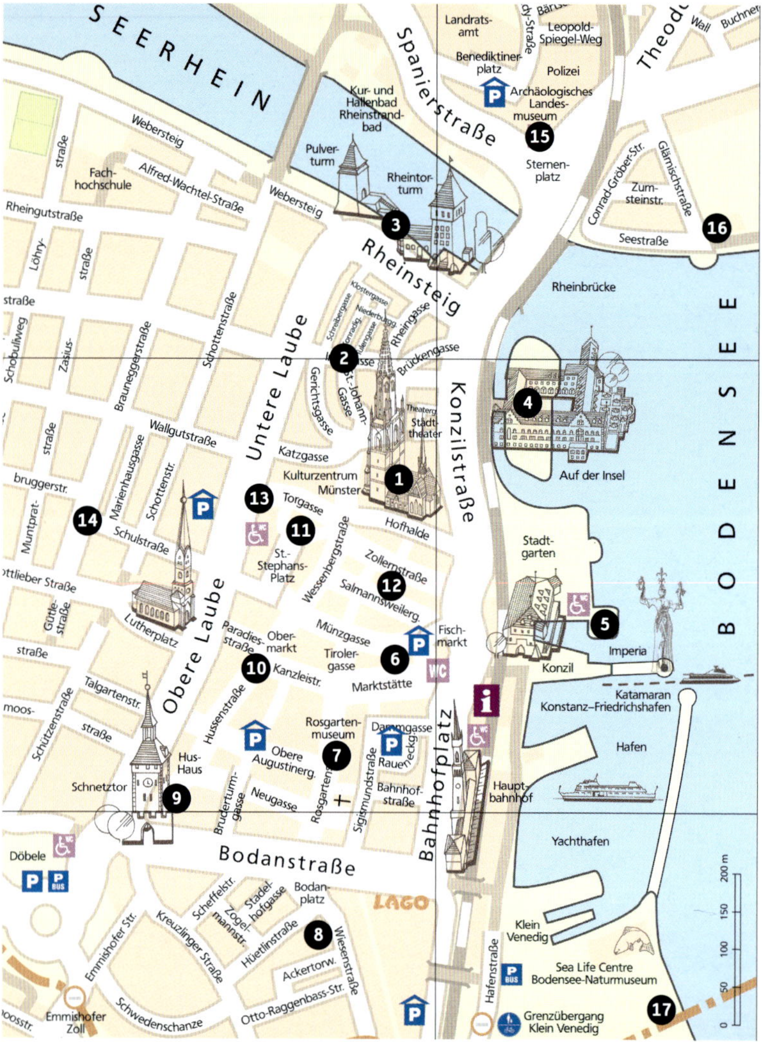

KONSTANZ - ALTSTADT

1 MÜNSTER UNSERER LIEBEN FRAU
2 NIEDERBURG, ÄLTESTER STADTTEIL
3 RHEINSTEIG MIT RHEINTORTURM UND PULVERTURM
4 INSEL-HOTEL, EHEM. DOMINIKANERKLOSTER
5 STADTGARTEN, HAFEN, KAUFHAUS (SOG. KONZIL)
6 MARKTSTÄTTE, FISCHMARKT
7 ROSGARTENMUSEUM, DREIFALTIGKEITSKIRCHE
8 BODANSTRASSE, BODANPLATZ, VORSTADT STADELHOFEN
9 SCHNETZTOR, HUSSENSTRASSE
10 OBERMARKT, RATHAUS KANZLEISTRASSE
11 KIRCHE ST. STEPHAN, STEPHANSPLATZ
12 ZOLLERNSTRASSE, HOHES HAUS, HOHENHAUSGASSE
13 TORGASSE, LAUBE, LENK-BRUNNEN
14 STADTTEIL PARADIES
15 EHEM. BENEDIKTINERKLOSTER PETERSHAUSEN
16 SEESTRASSE, SEEPROMENADE
17 KUNSTGRENZE KONSTANZ-KREUZLINGEN